受益一生的60个
心理学实验

小 刀◎编著

中国纺织出版社

内 容 提 要

《受益一生的60个心理学实验》集合了60个经典的心理学实验，涵盖几十位心理学大师，哈佛、耶鲁、斯坦福等数十所世界名校的心理学研究成果，并将心理学经典理论、心理学实验、心理测试和心理小贴士结合起来，内容十分丰富，适合心理学爱好者和大众读者阅读。在读完本书之后，读者不仅能对心理学的理论有一个广泛的了解，还能在好玩、有趣的心理学实验和心理测试中弄明白自己，看清楚他人，用心理学知识武装自己，指导生活。

图书在版编目（CIP）数据

受益一生的60个心理学实验 / 小刀编著. -- 北京 ：中国纺织出版社，2014.7（2023.4重印）
ISBN 978－7－5180－0324－2

Ⅰ. ①受… Ⅱ. ①小… Ⅲ. ①实验心理学 Ⅳ. ①B84

中国版本图书馆CIP数据核字（2014）第117791号

策划编辑：徐丽丽　　　责任印制：储志伟

中国纺织出版社出版发行
地址：北京市朝阳区百子湾东里A407号楼　邮政编码：100124
邮购电话：010—87155894　传真：010—87155801
http://www.c－textilep.com
E-mail:faxing@c-textilep.com
官方微博http://weibo.com/2119887771
永清县晔盛亚胶印有限公司印刷　　各地新华书店经销
2014年7月第1版　2023年4月第2次印刷
开本：710×1000　1/16　印张：16
字数：172千字　定价：48.00元

序 Preface

心理学是一项神秘而又让人向往的学术地带，每个人都希望能对其有所涉猎，但并非任何人都有办法知道该如何进入这块领域。在很多的影视剧中，我们总能看到一些专业人员利用心理学破案或者达到目的，这更增加了人们对于这块领域的向往。在现实生活当中，心理学确实是能在生活和工作当中起到相当的作用。但如何进入、如何学习、如何研究心理学呢？

本书选取了世界上著名的心理学理论和实验，通过这些理论和实验，不仅能够让人学习到心理学的专业知识，更能让人瞬间领悟人生哲理。你是否曾想过，自然界的规律、社会的规律以及人生的规律往往有着不同寻常的联系，而当你能找到这个规律并且顿悟，那将会进入到另一个领域。

对于实验来说，你是否曾想过，人的一生其实也是一个实验，一个大型的实验。而随着周期的不同，人生经历的不同，你对于同一个实验结果也许会有着不同的解读和领悟。侉妁圣眉〉堀·合诂徵《还末乡旱鲊小平旱诺宁鲊佟伙览徕这本书非常好笑、有意思；中年时读它，你会深思其中所反映的哲理；老年时读它，你会潸然泪下。

希望本书选取的各种心理实验对于广大心理学爱好者都能有所帮助，引起大家的一些思考。这样身为编写本书的作者，也会感到欣慰。

小刀

2014年5月

目　录

第一篇 神奇的心理暗示

国 鳔 菠娘主莉《辽 · 芫奄 沸町霖1452—1519龊

——当你看到蒙娜丽莎时，若觉得内心宁静，那么，你被暗示了。

经典实验：“杀人”真凶

某电线维护员的周围全是高压电器设备，他就是常年在这样的环境中工作。虽然所有的防护措施他都做到了，但他心里还是被一种莫名的恐惧感所笼罩，他担心自己会命丧电压之下。某天他无意中碰到了一根电线，当即倒地身亡，身体特征都表现出“触电身亡”的事实：皱缩的皮肤呈紫蓝色。但在尸检的时候却发现了一个不争的事实：当时那个工人确实碰到了电线，但是电线没有电——杀死他的真凶是惧怕触电的心理暗示。

类似这样的现象在苏联也出现过：某人无意中被关进了冷藏车。次日清晨，人们发现他已经丧命于冷藏车中，所有身体特征表明他是被冻死的，但有一点让人对他的死因产生了怀疑，那辆冷藏车的冷冻机并没有打开，冷柜温度和外边温度是一样的，而这样的温度是不足以置人于死地的。也许是这位不幸被关在冷藏车里的倒霉蛋儿产生了被冻死的心理，体征也因这种心理产生了变化，最后他真的被冻死了。

极度愤怒和极度恐惧都会让生理特征产生极端的变化，肾上腺素都是因这两者而增加，并减少血液对身体一些部位的供应。充分的血液可以确保肌肉获得能量，肌肉也因此发挥出更大的效能，这往往能助人在生死关头起到逃生的作用。但应激反应也有不好的一面，在血液减少供应时，氧气也因红细胞的减少而递减，毛细血管中的含氧量降低，血浆就会渗入血管周围的组织，如果愤怒和恐惧不断延长，最后直接导致人体血液不畅而亡。

血压降低是因血液流通量减少，继而导致恶性循环，那些负责维持血流循环的器官的功能因血压降低产生功能障碍，长此以往，直至最后殒命。至于上述两个案例中的死者并没有接触到让他们致死的东西，但出现了相关的死亡体征，现在尚无科学能对其做出解释。

相关实验

A. 墨菲效应

实验原理：当我们心存侥幸时，灾难往往就降临了。

实验主持人：墨菲。

实验对象：面包。

实验过程及结果：

墨菲是一位美国空军上尉工程师，他觉得他的一位同事就是个十足的倒霉蛋儿，他曾这样评价他的同事："如果你想搞砸一件事情，那就让他去做吧。"不经意的一句玩笑话在全美迅速流行开来，甚至传到了世界每一个角落，最后产生了墨菲效应：假如你把一片面包不小心弄到了地上，这片面包的任意一面都有可能着地。但如果你把一片一面涂有果酱的面包弄到了地上，常常是有果酱的一面着地。换而言之就是：如果某件事有变坏的可能，那么真的就可能将"坏"变为现实。墨菲效应对很多事情都产生了影响，它揭示了一种独特的社会及自然现象。

实验联想：

管理哲学的一个论点和墨菲效应是一致的，这是一种悲观主义元素，我们应该学会"得不喜，失不忧"，在生活中随时接受失败和成功的挑战，有人认为万事皆可行，只要勇往直前，终有成功一日，可他们却忽略了一点，世间不存在百战不败的事例，人生中难免遭遇挫折。反之我们乐观一些："若要成功，总会成功"，墨菲理论并没有说明事情一定会到必败或是必成的结果，它只是告诫人们，可能会发生的事，总会发生。

B. 灼伤自己的凶手

实验原理：伤害我们的，常常是我们自己那颗脆弱的心。

实验主持人：美国心理协会。

实验对象：志愿者。

实验过程及结果：

受试者的皮肤上贴着像邮票大小的湿纸片，主试告诉受试者，皮肤会因为贴上这些湿纸片后发烧。过了一会儿，揭去纸片的皮肤果然变红了。紧接着，主试又将一块金属硬币放到受试者的手臂上，并告诉受试者这是一块用火烤过的硬币，皮肤会被这枚硬币烫伤。过了一会儿，主试拿下这枚硬币，受试者的手臂上果然呈现出二级烧伤状的水泡。

实验联想：

心理学提出，人们的心理都会产生一种倾向性，就是下意识地维护“自主的”地位，不愿意别人干涉或是控制自己。从这个角度看出，直接劝说、指示或命令并没有暗示的作用大。例如，对孩子说：“赶紧睡觉！”“闭上眼睛！”常常得不到收效，孩子有时还会因此变得更加兴奋。这时，你不如给孩子讲个故事：“某天，小狗想出去和小伙伴们玩耍。狗妈妈对小狗说其他小伙伴们都已经休息了。小狗不相信，坚持要出去看看，路过河边它看到小鱼儿都睡觉了。路过树林它看到小熊也休息了。它们都闭上了眼睛，它们都休息了。小狗想，我也要休息，因为妈妈说的是正确的。于是，他……”故事讲到这个时候，注意要使用那种疲倦的语调对孩子说，还要不断将“睡觉了”“闭眼了”等话语重复，声音渐渐变弱，直到最后不发声。讲故事的时候你还要配上不断打哈欠的动作，孩子会因此受到影响，直至入睡。试试吧，很有效果！

有一座工厂在美国田纳西州，这家工厂从附近的农村招募了很多工人。从附近农村招募的这些工人，因为总觉得车间里空气稀薄，开始变得不习惯在车间里工作，顾虑重重，最后导致工作效率降低。后来，这家工厂的管理者想了一个办法：他将一条条轻薄的绸巾系在窗户上，不断飘动着的绸巾，说明空气从窗外源源不断地涌进。工人们的这种不适应车间工作的“心态”也得以消除，随之也将工作效率提高。

不仅是人们的心理因暗示受到影响，人们的生理也因暗示产生了变化。专家反复给受试者喝大量的糖水，通过体检发现，受试者不仅出现了血糖升高的现象，而且产生了糖尿并且尿量增多等生理现象。后来，主试不给受试者糖水，只对其进行语言暗示，上述发生的生理变化还是会产生。这一实验揭示了，实物可以通过语言暗示来代替，对人脑产生兴奋刺激，虽然主试并没有给受试者喝糖水，但体内糖的代谢活动依然在身体中形成了。

测测你自己：暗示——巴布尔效应

以下有8项暗示，总分8分，每暗示成功一次获得1分，“成功催眠”最低成绩必须为4分。

手臂下落：平伸打开右手，暗示其越来越沉，沉得下坠。在经过30秒这样的状态后，下沉超过10厘米包括10厘米，就获得1分。

手臂上飘：平伸打开左手，暗示左手越来越轻，轻得飘飘向上。在经过30秒这样的状态后，上飘超过10厘米包括10厘米，就获得1分。

两手分不开：先撒开两手，然后两手交叉，紧握置于下腹部，暗示其两手被粘住了，不能分开，反复暗示45秒钟，5秒钟后分不开手给0.5分，15秒钟后分不开手给1分。

口渴幻觉：暗示“自己十分口渴”，暗示过后，受试者出现了明显的吞咽、嘴动、舔嘴唇等动作，获得0.5分，测试结束后还是觉得口渴，再加0.5分。

失语：暗示“你不能说话了”，持续45秒钟这样的心理暗示，5秒后你真的不能说话了，获得0.5分，15秒后仍说不出话，给1分。

身体不能动：暗示“你身体僵硬且不能站立”。持续45秒这样的心理暗示，5秒后不能站立，获得0.5分，15秒后仍不能站立，1分。

“催眠后”反应：受试者被暗示“测试结束后当响起‘咔哒’声，你会不由自主地咳嗽”，测试结束后，发出“咔哒”声，测试者咳嗽或喉部运动，给1分。

选择性遗忘：受试者被暗示“测试结束后你想不起第二项的测试内容，只有说你想起来了，你才能想起来该项测试的内容。”受试者呈现出想不起来的状况，给1分。

小贴士：与快乐相关的心理暗示

我们的心理总是不断受到外界暗示的影响，你的信心和喜悦之情有可能是受这些影响而产生，你的烦躁不安也是受这些影响而产生。积极的心理暗示，可以让自己变得更加快乐，使自己用积极的态度面对生活！

1. 对自己经常使用肯定句。

你去买衣服，售货员一定会对看着镜子的你说：“这是新款，穿您身上太合适了，显大气。”你因此感到心里很舒服，对自己的信心也大大增强，看着镜子中穿新衣服的自己，真是越看越顺眼。如果有人对你说：“还可以吧”这类的话，你就会举棋不定，买还是不买这件衣服。很显然，两种说法会给人截然不同的感觉，所以常常对自己肯定，会提升你的信心，减少自卑感。

2. 用语言表达出你的感受。

“内省法”是心理学中的一个论点，对自己的内心冷静观察，最后说出结果就是“内省法”的表现过程。当你十分紧张时，就和自己说：“我现在紧张得都出汗了。”这样做不仅释放了紧张心情，还让自己觉得轻松一些。既然你的拘谨已经被别人察觉，故作沉着的你还不如这样：“和你们谈话前我坐卧不安，但和你们交谈后，我发现你们的友好让我变轻松了许多。”自己的情绪会因为这种方法得到改善。

3. 不要用强调负面结果的方法来提醒自己，可以将事情轻描淡写甚至是忽略。

我们总是下意识给自己这样一种警示，比如：“我就是昨天在这跌倒了。”“这段路经常发生事故。”越是这样，我们越容易紧张得手足无措，无法将自己的真实水平发挥出来。所以，不必总是用失败提醒自己，转而可以用些鼓励性的话语，例如“保持稳定就不会跌倒”，“到这儿得慢点开”等，让这些积极的话语来引导自己。

4. 把每次失败看作最后一次。

人生在世难免遭遇挫折，在遭遇挫折时不妨对自己说：“这已经坏到了极点，不会再出现比这再坏的事情了。”既然“最坏的事”都已经发生了，已经到谷底了，就该向上，向积极的方向发展了，进而就会有种安全感在你心中产生。

5. 让随身物品给你带来安慰和温暖。

如果你要去一个完全陌生的环境，接触陌生的人，可以带一些自己喜欢的小物件，比如一个护身符、一个首饰，这会让你觉得周围还是有熟悉的东西，帮助你放松下来。

6. 用汽车“预热法”来调整心情和外部环境。

汽车发动前要进行发动机预热，在进入行驶阶段后才能保持良好的状态。生活也是这样的道理，当你在周一清晨还未从“周末综合征”中走出时，不妨先看看和工作相关的书籍，再和你的同事就工作展开一些交流，给你的心情“预热”后再将你的状态进入到工作中，这样才能提升你的工作效率。

7. 让快乐的因素影响你。

我们很容易被演唱会上激动的氛围所感染，伴随着激动人心的音乐，你早将老板的谩骂抛之脑后，让快乐感染着你的生活，比如在工作疲惫时听听放松的音乐，和能给大家欢乐的“开心果”同事吃饭，给自己融入快乐的环境中，这些都能让愉快完全释放。

8. 在自己状态最好时迎接挑战。

谁都有“情绪周期”，大家也都会遭遇情绪低谷。这个时候就做些简单的事情，不要将过重的负担添加给自己，那样的话只能让你久久沉浸在悲伤的情绪中。尽量在情绪高涨的时候处理那些复杂的工作，饱满的工作状态会让你将困难抛之脑后，甚至会产生一种兴奋的挑战欲望。

9. 找到别人和你的共同处。

人们常常在发现别人和自己的相似处后，容易对对方产生认同、亲切的感觉。我的竞争对手十分聪明，我因此对她产生了戒备心理，总是担心她会给自己难堪，所以对她避而远之。在一次游戏中，我无意中发现了她和我的类似之处，因此我对她有了一定的了解，所以我改变了对她的看法，当她被别人否定时，我就主动帮她争取别人的认可，让她对我的看法也发生改变。而当我和她的意见不同时，我坚持自己的观点，她因此放弃了自己的意见。这个小发现，让我信心倍增，也大大提升了我的工作效率。

10. 别给自己贴“标签”。

也许你常常对自己说“我真的不行”，“我的交际能力太差了”，“大家讨厌我”……要知道，打败你的人不是别人而是你自己。请你变得耐心些，给自己一些信心，你的能力并不比别人差，鼓励自己总比自我贬低要强。

小　结

各种暗示总是在我们的生活中出现。心理学家发现，如果环境很肮脏，提示人们注意保持环境卫生并不见效；相反，生活在整洁、严肃环境中的人们能遵守规则，保持环境卫生。这也没什么大惊小怪的，谁好意思吐痰在红地毯上呢？在办公室里摆过多的沙发，会让人们产生疲倦的感觉，因为我们受到这些摆设的暗示：是时候该休息休息了，那么，桌子的主人就会因暗示而倒头便睡……可以说，“暗示”在我们的生活中随处可见。

人或环境以非常自然的方式发出的信息就是心理暗示，这些信息被人们下意识地接收，从而产生一些相应的心理反应。巴甫洛夫认为：暗示就是人类最典型的条件反射。

暗示分自暗示与他暗示两种。自暗示表示自己接收某种信息，自己心理受到这些信息的影响，进而让情绪和状态发生变化。例如，大多数人喜欢在出门前照照镜子、整理衣服和头发。有的人从镜子观察到自己眼睑水肿，这时马上会有种不开心的感觉涌上心头，怀疑自己是否生病了。这就是消极自我暗示对健康产生的不利影响。而有的人则恰恰相反。当在镜子里看到与上述相同症状时，马上用理智控制自己的紧张情绪，并且暗示自己：可能是缺乏锻炼了，出去锻炼一下，呼吸一下新鲜空气就好了，于是又重新振作起精神，投入到工作当中去了。这是有利于身体健康的心理暗示。

人际交往中产生的一种心理现象称之为他暗示，这是在交往过程中自己的情绪和意志受到了别人影响而产生的暗示。如三国时期的曹操南下征讨张绣的路上，因天气炎热，周围又没有什么水源，士兵口渴，曹操心生一计，对士兵大声说道："将士们再坚持一会儿，前面有片梅林，到了我们就可以食梅解渴了。"军心顿时得到了振奋，将士们都主动加快了行军的步伐。"望梅止渴"的暗示就由此而来。

人有时候也因暗示表现出积极的一面。例如，记忆潜力就是靠暗示来挖掘的。某些实验证明，暗示是可以帮助我们提高自己记忆力的。用同一首诗分别让两组学生朗读。主试在第一组受试学生们朗读前，告诉他们这首诗出自名人之手，这就是一种暗示。对于第二组受试学生，主试没有告诉他们这首诗是出自谁的手笔。朗读后立即让学生默写。结果显示第一组的学生记忆率为56.6%；第二组的学生记忆率为30.1%。这说明学生的记忆力提高得益于权威暗示的影响。

从医学范畴来说，也可以通过暗示来治疗疾病。如一位妇女的丈夫因车祸丧生，悲痛欲绝的她双目失明。但医生对她的眼睛检查后发现，那位妇女的眼睛结构并没有发生病变，诊断结果为心理性失明。尝试了很多方法都没有治好该妇女的眼睛。后来医生对这位妇女进行了催眠治疗法，这位妇女受到了催眠师积极的心理暗示眼睛好了，催眠师对她说："现在我数5个数，数到5时，你睁开眼睛就能重见光明了。”催眠师很慢地数1、2、3、4、5，果真数到5的时候，病人睁开双眼，发现自己真的又看见了。

人因积极的心理暗示得以稳定自己的情绪，消除挫折对自己的消极影响。因此，我们应该有意识地给自己和身边的人多一些积极的心理暗示，避免消极心理暗示带给自己的负面影响。

在他人暗示中，暗示者的威信很大程度上影响了对被暗示者的暗示结果。这就要求暗示者应具有较高的威望，拥有别人的信赖。

越含蓄的暗示，就越能收到意想不到的好结果。因此在教学和心理咨询的过程中尽量少用命令的口吻。若运用含蓄的暗示法来引导，获得好效果自然不在话下。

你学会健康的心理暗示了吗？

第二篇 探秘潜能

国 鳑 舤牵浴隽《泯奢夙少 · 层丸霂1802—1879龀

——黑白两色的对比中，突显出艰难中意志的不可战胜和潜能的无限迸发。

经典实验：超高难度的乐谱

某音乐系学生走进琴房时，看到钢琴上摆放着一份全新的乐谱。

他翻着乐谱，喃喃自语道："这乐谱的难度太高了……"，似乎自己对弹琴的信心跌落到谷底。自从跟这位新导师以来，新导师总是用这种超高难道的钢琴乐谱折磨着自己。他勉强打起精神奋战，导师向琴房走来的脚步声也被琴声掩盖住了。

他的新导师是一位名副其实的音乐大师。新导师给他授课的第一天，就给了他一份新的乐谱。"试试看！"导师说道。因为乐谱的高难度，学生在弹奏期间错误百出。"还要加强练习！"导师如此叮嘱学生。

经过一个星期的练习，就在导师要验收的时候，学生没想到一份难度更高的乐谱在等着他，"来试试这份新的乐谱！"上星期练习的新乐章导师也没验收。学生再次投身于高难度的练习挑战中。

第三周，导师给了他一份难上加难的乐谱。这样的情况周而复始，学生也因此感到寝食难安，仿佛空气中也弥漫着焦躁。当导师走进琴房时，学生的情绪到达峰值了，他爆发了，他认为是导师故意刁难自己。

导师什么也没说，他把第一次教学的那份乐章拿出来交给学生。

"可以开始了，孩子。"

在弹奏这份让他当时认为如此之难的乐谱时，他表现出的是技艺精湛！这样的表现也让自己颇感意外。导师接着又让学生弹奏第二堂课的乐谱，他的表现依然是十分抢眼，此时此刻学生似乎明白了导师的用意，他无言以对。

"如果我让你去弹奏你所谓擅长的那些乐谱，那么你的进步就会想蜗牛一样迟缓……"导师娓娓道来。

我们往往习惯于自己擅长的领域。但如果我们仔细回首过往：看似高难度的全新挑战，会在不经意间将我们的潜力挖掘出来，我们也因此表现出井喷式的爆发。因为，我们有无限潜能！

相关实验

A. 因爱激发出的潜能

实验原理： 爱，可以创造奇迹。

实验主持人： 日本和美国两位普通而又伟大的母亲。

实验过程及结果：

一名日本妇女趁着小孩儿睡熟的时候选择外出购物，返途中偶遇朋友在巷口闲聊，这时小孩儿已经睡醒看不到母亲，就爬上阳台呼喊，一个不留神，小孩儿从阳台摔了下来，说时迟那时快，那位母亲居然奇迹般飞奔至楼下接住了孩子。按常理来说三岁左右的小孩儿有十五公斤左右重，从五楼坠下加上重力作用，人们绝对无法承受这样的重量，况且这还是年近三十的妇女所为。这一事件在日本引起了不小的轰动。后来新闻界还专门找来短跑运动员和举重运动员做了一个相关实验，结果二人都无法成功，不是没能及时出现在落点下，就是因无法承受下坠的重量而接不住下坠物体。

美国也曾经出现过类似事件。一位以轮椅代步的残障母亲，在她小孩失足落水之际，她连人带轮椅冲进泳池，奇迹般地救起了孩子，事后连她自己都觉得不可思议。当警方询问这位母亲事件的整个经过时，她却一句话也答不上来。

实验联想：

人因爱而存在这个世间。生命中很多奇迹都是因爱而缔造。生命因爱而美丽，你如何对待生命，生命就会给予你同样的回报。你想要得到朋友，首先你得先成为别人的朋友。将心比心，博取感情需要同样的付出。爱也是一样。人类身体的力量和心理的力量有时候是因为爱而爆发，当两个人彼此相爱时，一旦其中一方受到伤害，这时，我们往往因爱而激发出惊人潜能，有着惊人的表现。潜能为爱而发，让我们用爱来武装自己吧！

B. 潜能有时候是被逼出来的

实验原理： 如果自己把自己当鸡，永远也飞不到天际。

实验主持人： 猎人。

实验对象： 鹰。

实验过程及结果：

猎人在山顶中的鹰巢里抓获了一只幼鹰，随后他将幼鹰带回家中养在鸡笼里。这只幼鹰此后的行为习惯就像一只普通的鸡一样。它真把自己当成一只鸡了。过了一段时间，这只鹰渐渐变得羽翼丰满，猎人想把它训练成一只猎鹰，可是因为它终日混迹于鸡群，已经失去了翱翔于天空的本能。猎人用尽了各种方法，但是都毫无效果。最后猎人被逼急了，他把“伪鸡”带到山顶上，一把就将它扔下了悬崖。就在猎人以为这只“伪鸡”将要摔得粉身碎骨的时候，它在情急之下终于扑腾开翅膀，飞了起来！

实验联想：

想要战胜自己，让自己有一个更好的未来，就要逼自己一把；逼自己的意义已经超越了竞争，逼自己有更新的东西，想别人不敢想，做别人不敢做：勿以不想而不为，勿以不敢而不为。潜能的力量是惊人的，它的力量是无穷的！

逼自己，不仅仅是敢于挑战，将自己投入到全新的环境和问题中，将自己逼到无路可走，才会想方设法将自己置之死地而后生。除此之外，还要用“自律”来逼，用时间和目标逼，用结果逼。只有不断开发和使用你的潜能，你才会变得越来越强。当你感到灰心沮丧的时候，不妨大喊一声：潜能无限！

测测你自己：潜能程度测试

测试你的未知潜能！

1. 你有梦想成真（梦中的事情变成现实）的经历吗？

A．有（转到3）　　　　　B．没有（转到2）

2. 你喜欢算卦吗？

A．喜欢 （转到4）　　　　B．讨厌（转到8）

3. 你非常喜欢一项娱乐活动，但因场地限制需要你等一个多小时，你会？

A．就算要排队也要玩（转到5）B．这次先放弃（转到4）

4. 你会在测试之前做些什么呢？

A．集中复习擅长的科目（转到7）B．集中复习不擅长的科目（转到5）

C．大包围式的复习（转到6）

5. 朋友对你的评价是？

A．值得信赖（转到D）　　　B．不照顾你不行（转到7）

6. 当你看到半杯果汁时你会想？

A．还有半杯（转到A）　　　B．只剩半杯了（转到B）

7. 你洗澡的时间平均为？

A．30分钟以上（转到D）　　B．30分钟以内（转到C）

8. 有人说你“你真是有点怪”你会觉得？

A．会高兴（转到C）　　　　B．不喜欢别人这么说（转到6）

测试结果：

A：0%。沉睡在你体内的能力是个未知数。不过很可惜的是它睡得很沉……总之，你尝试一下让自己更乐观一点吧。

B：30%。你非常满足于现状，所以如果不是遇到真正的危机，你隐藏的力量也许不会发挥出来。

C：50%。你的交友运很强，但缺乏一点毅力，要发挥你的能力，这一点是关键。你首先要确立一个目标才行。

D：90%。你是个乐天派，为人努力认真。你绝对有发挥潜能的可能性。

小贴士：9大潜能必为你所用

托尼·巴赞是一名英国智力研究人员，《大脑第一》是他出版的一本读物，其在该书中给出这样的结论：很多达·芬奇式的人物隐藏在我们的生活中，我们可以通过训练达到达·芬奇那样的聪明才智。

托尼·巴赞的方法使得查尔斯王子提高了自己的记忆力。国际商用机器公司也向巴赞求教。巴赞认为人类可以通过9个方面的训练，将自己的潜能开发出来，这些潜能是：

●创造潜能：创造性不单单只是绘画或是掌握一门技巧那么简单。有时候创造力也表现在其他方面。比如像园艺也是一种创造，想想怎样将皮球送进对手的大门更具有创造性。

●个人潜能：如果能常常使自己处于心平气和的状态，那么你的潜能就会被充分发挥出来。只有真正了解自己且内在充实的人，才能将个人的潜能充分激发出来。

经常审视自我是一种好的习惯，最起码你会知道什么是好的，什么是不好的。每天给自己10分钟的时间，在这段时间里安静下来，对自己进行评价，为的是让自己对生活有个更加清晰的认识，知道什么是消极的，什么是积极的。

●身体潜能：无论是演员、舞蹈演员，还是运动员，凡是靠体力工作的人都知道身体有着无限的潜能。

用什么方法可以激发身体的潜能？经常锻炼身体就可以做到这一点。你经常练习舞蹈、瑜伽等运动可以使身体保持灵活状态。21天的时间就会让你养成爱运动的好习惯。那时你的身体就会自发地产生锻炼需求。你就会下意识地遵从自己的身体需求。

●感觉潜能：我们的鼻子有500万个嗅觉感受器，我们的眼睛可以辨别800万种色彩。应该尽可能充分地把人体内潜在的5种感觉能力发挥出来。

你可以通过有意识的锻炼增强感觉的能力。比如经常练习模仿各种动物的声音，试穿各种让自己身体更加舒服的衣服。

●社会潜能：社会潜能和个人潜能的作用恰恰相反，你也可以将社会潜能定义为组织能力，有时候情况需要的话，你也可以将它理解为调动别人积极性的能力。

人际交往是一种奇迹。为什么这样说呢？因为我们大家每天都在这样有意识地去做。当你进入剧场、剧院，这些就是你建立社会关系的场地。假设两个人在谈话，一个是聪明人，一个人是笨蛋，那么谁学的东西更多？你应该经常去考虑这样的问题。学会听取别人的意见也是一种社会潜能。

●精神潜能：真正聪明的人，他注重的不仅仅是个人的利益。他的聪明体现在个人价值会给他带来前进的动力。

你会对自然产生一种特殊的亲切感。你沐浴在阳光下聆听着鸟儿的歌声。你会发现儿童的本真并感受到健康的意义。如果你有明确的价值观，那么你就是一个聪明人。

●计算潜能：很多人觉得计算能力强就是天才，其实计算能力是潜在的，需要被激发出来。

减少使用计算机的概率，最好使用自己的大脑去计算。但凡是那些有所成就的数学家都是通过这样的方法来锻炼自己的大脑的。你不妨试着去做一下这样的计算，工作占用了自己多少时间、用了多少时间去陪家人、花费了多少时间在学习和睡觉上。你可以经常通过类似这样的方法练习大脑。在日常生活中保持对数字的敏感度，例如在购物时算算在你前面有多少人排队，你购买的物品有多少件。

●空间潜能：空间才能就是看地图、组合各种形式以及使自己的身体正确通过空间的能力。

车王舒马赫称霸F1赛道十余载。根据调查表明，随着开车时间的增加，司机的大脑会越来越好使，因为他们把整个路况都储存在大脑里面了。想要将一个人的空间潜能充分发挥出来，那就要多多参加社会活动。

●文字表达潜能：普通人用1000个单词来写作，用1100个单词说话，理解5000个单词的意思。而莎士比亚这样的表达天才，在他的154部作品中就使用了超过2.5万个不同的词汇。

怎样开发你的文字表达潜能？当你积累了1000个单词的时候，每天再多学会一个单词，那么一年后你在该方面的能力就会有40%的提升。除此之外看书、写作也是开发你文字潜能的好方法。

小　结

从前有一位富翁视自己的独生女为掌上明珠。某日，富翁发布公告说要招一个上门女婿，如有符合条件者，他就将自己的女儿嫁给这个人，并由此人继承自己的全部财富。

到了招亲的那一天，应征者齐齐聚集在富翁家的游泳池旁。

这时，富翁大声宣布："谁第一个从这边游到对岸，就是我的女婿。"但这些人没有一个敢往游泳池里跳的，原来有好多条鳄鱼在游泳池里面。

突然，只听到"扑通"一声，一个年轻人跳下泳池，并且飞快地向对岸游去，就在大家都以为他要葬身鳄鱼之口的时候，这个小伙子已经游到了对岸。

大伙纷纷向那个年轻人表示祝贺，年轻人愤怒地问道："谁这么缺德把我推下去的？"

这个故事有点冷幽默的意思，但从中可以看出一点：那就是藏在我们身体内的潜能是巨大的，只有受形势所逼，才能将这些潜能激发出来。

我们原本具备却遗忘的能力就是潜能，每一个人的身体里都蕴藏在巨大的潜能，只要我们想要，它就会呈井喷状爆发！让我们从现在开始，挖掘身体内的无限潜能吧！无论你是个什么样的人，都不能阻碍你开发自己的潜能。让我们大声地告诉自己：别人能做到的，我也能够。

第三篇

生活因自信而精彩

国 鳒 伉莉貘少 · 种沂断 · 徵泡塘少太裦《哟雄霂1746—1828龁

——自信让人高贵，高贵方显美丽。

经典实验：自信有助于提高成绩

苏州市敬文实验小学于2004年对当时的六（1）班、六（2）班全体学生进行了一次跨越式跳高的实验比赛。

在跳高比赛进行前，老师对六（1）班的学生灌注了成功体育的教学理念，并将这一理念与跨越式跳高教学相结合，成功使六（1）班的学生克服跳跃心理障碍：用成功的话语鼓励每一位同学，让他们相信自己一定可以，再通过逐渐调整高度的方法来让他们选择适合自己的高度进行练习。到六（2）时，老师运用了传统的教学方法指导学生，不对学生施加任何影响。

比赛结果表明，在这次实验比赛之前，两班学生跨越式跳高的成绩旗鼓相当。而经过这次实验后，六（1）班学生的成绩显著提高，上涨34个百分点，六（2）班没有显著提高，仅仅提高了10个百分点。此刻大家清楚地发现，不同的教学理念对成绩的影响是显著的。

事后，老师们告诉了同学们这其中的“奥秘”，六（1）班获得如此成绩，首先得益于大家掌握了正确的技术动作，其次，在消除了心理恐惧后也增强了自信，自然希望冲击更好的成绩，从而带着愉悦的心情向胜利发起冲击。

班图拉说：“人总是按照自己对自己的估计、他头脑中的自我形象去行动的，主体丧失了自信心，也就丧失了前进的力量。”老师们让学生明白，通过努力才有可能完成梦想，才能得到社会和自己的认可，才能从成功的情绪中获取积极的状态。而成功经验是学生进取的最大驱动力，人的自信也源于此。自信与成功经验会出现良性循环的效果，让我们的生活变得更加精彩。

相关实验

A. 小狗之死

实验原理：当我们放弃自信的时候，我们也放弃了生存的权利。

实验主持人：美国心理学家塞里格曼。

实验对象：普通小狗。

实验过程及结果：

塞里格曼是著名美国心理学家，他在1975年的时候做了一个以狗为实验对象的研究。实验过程是这样的：将小狗分为两组，一组做实验之用，一组做参照之用。塞里格曼先把小狗们放进了实验组的一个笼子里，这是一个很牢固的笼子，因此小狗们无计可施，只能老老实实地待在笼子里，但要命的是笼子装了个电击装置。一旦发电，小狗们会因此感到微微的疼痛，但是这个强度的电流不足以伤害到它们的身体。塞里格曼发现，这组的小狗们在受到电击的最开始，会拼命想办法挣脱这个牢笼，但经过一系列的失败后，它们想逃出牢笼的想法渐渐消失了。紧接着，塞里格曼在第二个笼子里只放了一只小狗进去，这是一个中间用隔板隔开，隔板的高度是狗可以轻易跳过去的笼子。但隔板的一边有电击装置，另一边没有。当把之前经过电击的小狗放进第二个笼子后，塞里格曼发现它恐惧了30秒钟之后，就直接卧倒“迎接”电击的到来，其实这么容易逃脱的牢笼，让它们连试一试的勇气都没有了。而放进一条没有经历过电击的小狗在第二个笼子里，却发现小狗会轻而易举地逃脱电击之苦，只一跳就逃到了安全地带。

实验联想：

你有过丧失信心直到绝望的经历吗？那种感觉极度空虚无助，是怎样努力都无法挣脱的感觉。绝望者不想再去做任何尝试，等待他的只有命运无情的审判。如果我们长期观察生活中的那些失败者，你一定会发现他们身上都具有这种特征。缺乏信心的表现为因无助感滋生了绝望、消沉等负面情绪，这也是许多不良行为和心理问题产生的根源。

B. 美丽的秘密

实验原理：青春美貌终将流逝，永恒的，是我们那颗勇敢自信的心。

实验主持人：美国某心理学家。

实验对象：某女孩。

实验过程及结果：

某心理学家做了这样一个实验，他选了一个最不受人欢迎、最愚笨的女大学生，他要求这名女大学生的同学对她改变看法。于是同学们把她想象成一个外表靓丽、自信优雅的女孩，争着邀请她吃饭、看电影。过了一年，这位姑娘发生了质的改变，她不仅容光焕发，而且谈吐变得不俗。其实她还是她，现在的她是因为隐藏已久的自信而改变，蜕变成了现在这个真正人见人爱的自己。

实验联想：

完美的人不存在于这个世界上，可是自信能让人接近完美。人自身的价值因自信而得到体现，是自信让人看到了自身的魅力，发掘出生活中美好的一面。自信的人明白什么是生活，知道将自己的价值表现出来。坦然面对一切的人往往是那些自信的人，不管是喜是悲，他们都有勇气面对现实，即使遭遇再大的挫折，也能用乐观的心态去面对，绝不会一蹶不振。

随着岁月的流逝，青春会被无情地吞噬，而能久久伴人左右、并为之骄傲的只能是自信了。做人要优雅，优雅得相信生活中赋予一切的美好。内心是优雅的发源地，内心世界充实了，心灵质朴了，你也就变得优雅了，随之而来的是自然而然的自信。而所有的一切都源自你接受的教育、对自己的约束、对自己天赋的开发。若你真想成为一个自信的人，请你遵循以下意见：命运往往垂青那些自信的人；坦然面对现实，勇敢面对恐惧；多往积极的方向去想；穿一些让你容易充满自信的服装；相信自己的优势；不要自大，但也不要过分谦卑；对于别人的赞扬可以坦然接受；可以面对面接受别人的注视。

测测你自己：信心小测验

你对自己真的了解吗？你是一个有信心的人吗？你的自信心达到了什么程度？下面的小测验，请根据实际快速做出真实的选择。（“是”得1分，“否”得0分）

1. 一旦下定决心，即便是没人赞同你，你也会坚持到底吗？
2. 会议中出现内急的状况，你会等到散会再去卫生间吗？
3. 如果服务人员的态度恶劣，你会向他的老板投诉他吗？
4. 对于自己的照片，你是否常常欣赏？
5. 上级批评你的工作失误时，你会因此而难过吗？
6. 你很少对人倾诉自己的想法和心事吗？
7. 别人赞美你，你是否会怀疑对方不怀好意？
8. 你总是感到自己不如别人吗？
9. 你满意自己的相貌和穿着上的搭配吗？
10. 你是否认为别人的工作能力比你差？
11. 在高级会所时，只有你没穿正装，你会因此感觉别扭吗？
12. 你是个很受人欢迎的人吗？
13. 是否觉得自己有过人的魅力？
14. 你是个带着幽默感交谈的人吗？
15. 你的专长是否让你获得了现在这份工作？
16. 你知道色彩的搭配吗？
17. 你能在遇到危险情况时保持冷静吗？
18. 你喜欢和别人合作吗？
19. 你觉得自己是个超凡的人吗？
20. 你一直希望自己的风格像某位明星吗？

21. 别人的事业成就是否让你经常羡慕呢?

22. 为了不让别人难过，你会放弃自己喜欢的事情吗?

23. 为了讨别人的欣赏，你会对自己打扮一番吗?

24. 你会勉强自己做一些违背自己意愿的事情吗?

25. 你的生活会任由他人支配吗?

26. 你认为自己的缺点少于优点吗?

27. 你是否经常把抱歉挂在嘴边? 即使你没有错，你也会这样。

28. 如果不是故意伤害到别人内心，你难过吗?

29. 你希望自己具备更多的竞争优势吗?

30. 当你在工作中遭遇小麻烦时，你会常常寻求同事帮忙吗?

31. 在高级会所时，你是否经常先等别人和你开口说话呢?

32. 你是否每天照镜子超过三次?

33. 你是个事业心强的人吗?

34. 你是个优秀的销售员和管理者吗?

35. 你是个容易健忘的人吗?

36. 你对异性有吸引力吗?

37. 你是个懂得节约生活开支的人吗?

38. 你在做出决定和选择时，通常先听取他人的意见吗?

测试结果:

A. 如果你的分数是24~38分，说明你是个超级自信的人，你清楚自己的优势所在，也明白自己的“软肋”在哪里。不过，建议你：如果你的成绩接近38分的话，在别人眼里你可能就是个自大狂。不妨在别人面前表现出你谦虚的一面，以此让你的人际关系得到调节。

B. 如果你的分数是12~23分，说明你是个很自信的人，但你还是缺乏一些安全感，常常怀疑自己。建议你，常常提醒自己并不弱于别人，尤其是自己的才能和成就方面。

C. 如果你的分数是11分以下，说明你是个自卑的人，过分谦卑和自我压抑，你的生活常常受到别人的支配。那么从现在开始，尽量不去想自己的缺点和弱项，正视自己的优点，自己相信自己，才能让别人看重你。

小贴士：信心增强的小秘密

人生难免遭遇失意的状况。当你在工作、学习中遭遇挫折的时候，如何才能让自己的自信心得以恢复呢？英国心理学家克列尔·拉依涅尔提出了以下几种方法：

1. 每天照三遍镜子。早晨出门前，对着镜子整理自己的仪容仪表，让自己的仪容仪表处于最佳状态。午饭后，再照一遍镜子，让自己最佳的仪容保持住。晚上睡觉前再照一遍镜子。消除自己对仪容仪表不必要的担心，这样更有利于你将更多的精力投入到学习和工作当中去。

2. 不要总想自己的缺点。完美的人不存在这个世界上，每个人都有或多或少的缺点，不要常常想起自己的缺点，其实，人们并没有盯着你身上的每一处缺点不放。只要少想，自信心就会慢慢被激发出来。

3. 你敏感，不见得别人也敏感。当你在大家面前发言感觉害羞时，大家可能会觉得你只是面色红润，令人愉快而已。事实上大家并没有发现你的窘态。

4. 缺乏自信也表现在常常指责别人上。常常在自己心里指责别人，久而久之就会成为一种坏习惯，要试着慢慢将它克服，减少对别人的责备。

5. 多数人喜欢的是听众。因此，当别人讲话时，你不要急于插话以此来表现你的博学多才。你只要做一个认真的倾听者，别人就一定会对你产生好感。

6. 为人坦诚，不要不懂装懂。对懂的东西就展示出来，这不会表现出你不谦虚的一面，反而会让大家觉得你诚实可信；别人有所成就时，你也要敢于称赞和钦佩，这也是你自信的一种体现。

7. 找一个可以患难与共的朋友。不论你遇到什么困难，你都不会感到孤独。

8. 切忌借酒壮胆、提神。如果你是个害羞的人，不要以为喝瓶酒就能解决问题。只要你学着洒脱些，不喝酒的你也会受到大家的喜欢。

9. 拘谨可能使某些人对你产生敌意。如果你总是得不到某人的喜欢，不要认为错在你这里。对自己怀有敌意的人，唯一的方法就是不和对方讲话。

10．不要让自己久久陷于逆境之中。否则，当你再次遭遇不顺，别人虽对你会表示同情，但他们也会因你的脆弱而轻视你。

小　结

宁芙是希腊神话中的森林女神，16岁的美少年那西瑟斯是她的心上人。只因宁芙多嘴，受到了天后赫拉的惩罚，变成了一个“哑巴”，但她还有复述别人最后一句话的能力。

那西瑟斯在山谷里待的时间长了就感觉寂寞了，他自言自语说道：“还有谁在这儿啊？”宁芙就说：“在这儿。”那西瑟斯问：“那咱们一起玩吧。”宁芙复述道：“一起玩吧。”她一边嚷嚷着一边从树林里窜出来，迫不及待地和那西瑟斯拥抱。那西瑟斯惊慌道：“你是谁啊，不行，这不行。”她也只能说：“这不行，这不行……”

被拒绝了的宁芙就这样枯萎下去，伴随在那西瑟斯的身边只有她的灵魂，如果谁在山谷里说话，就会出现回声。后来，经过湖边的那西瑟斯在湖水里看到一个美丽的面容，他还不知道那就是自己，后来他就疯狂地爱上了“自己”，每天都跟自己的影子说笑着，可是影子却不会说话，那西瑟斯憔悴欲死，对着影子说：“再见。”宁芙以为这是那西瑟斯对她说的，随即复述了一句：“再见。”那西瑟斯听到这个声音就笑了，以为“影子”和自己的告别，他想对“影子”点头致意，但这一低头便再也没有起来。

湖边没有那西瑟斯的尸体，人们只发现了一朵小白花，他们命名那朵花为那西瑟斯——水仙花……自卑的宁芙和自负的那西瑟斯，最后双双因自己的性格缺点而死去。

虽然“自信、自卑、自负”这三个词只有一字之差，但是其意义完全不同，最后的结果当然也不同。朋友们，让我们将自卑和自负甩开，大胆地去追求自信吧！我们会因自信而更有魅力！

第四篇 “心理黑子”

国 鐮 淮清《伉萧光 · 伉释奄 · 刖绳坤霂 1861—1900龁

——深渊之下有着怎样的景象，当无法看到时，心里会如何遐想？

经典实验：“衍射心理”

诺德斯克是挪威心理学家，他曾在军队有过服役经历。某次，他在军事演习中负伤，导致右腿永远高出左腿2.70厘米。从深夜开始紧急集合的那次军事演习让21岁的诺德斯克手忙脚乱，最后甚至忘记自己左脚的鞋带有没有系好。就当他重新整理自己的装备时，军演开始了。在负伤前的一个多小时里，诺德斯克常常想着自己那根没系好的鞋带，想那鞋带会不会绊倒自己，导致自己的注意力无法集中，继而中弹。实际上，他左脚上的鞋带是系好的。

对此，他提出了“心理衍射论”这一心理学上颇负盛名的理论。这是古典心理学理论的重要组成部分。我们将之简称为“衍射心理”或者“延伸心理”。

通常的“衍射心理”是琐细的事情引发而起，此心理常见于心理健康程度中等人群的身上，最初容易被人忽略的事情导致“衍射心理”的发生。由于波及了心理和情绪（例如焦虑、猜疑等心理性情绪），或者在一定时间段内连续出现这样的事情（一般在3次或3次以上），抑或是引起“衍射心理”的事情重复发生，最终导致心理产生巨大的变化，从而引起心理断层。

“衍射心理”经常发生在我们的生活中。例如，因为还没接到某人电话，所以和朋友出去玩时频频翻看手机，无法专心投入到和朋友们的玩要上；场下女粉丝对你抛来的一个媚眼，你一分神把球传给了对方的球员。我们之所以产生这样的行为，全是“衍射心理”导致的。

“衍射心理”之所以著名，主要是因为它是强迫症的过渡和前兆阶段。此理论一经问世，让以往的“强迫症不是渐进产生”的说法得以改变。对于“衍射心理”现在还没有绝对行之有效的疗法，更多地需要及时将自己的注意力转移。

现在就为大家介绍两种减小“衍射心理”影响的方法。

1.“深呼吸法”。一旦脑中对某件事情产生反复思考的状况时，要及时调整自己的呼吸，做深呼吸状，然后观察周围的事物，越细致越好，最好能观察到一个事物的某个细节。如此持续1分钟左右的时间，最后就会平衡自己的心理状态。

2.“习惯覆盖法”。我们要用习惯来暂时性地覆盖“衍射心理”的引导。例如，你喜欢吃西瓜，吃西瓜会让你产生愉悦感，那么在你发生“衍射”状况时，不妨吃你最喜欢的西瓜，及时转移自己的注意力，并做自己最喜欢的事情，何乐而不为呢?

相关实验

A. 苍蝇和蜜蜂

实验原理：偏执，往往让我们看不到事情的真相。

实验主持人：美国某心理学家。

实验对象：5只苍蝇和5只蜜蜂。

实验过程及结果：

在一个瓶子里放进5只苍蝇，在另一个瓶子里放5只蜜蜂。然后将瓶底对着光亮的方向，而将瓶口对着暗处。心理学家在过了几个小时后发现，5只苍蝇全都飞了出来，而那5只蜜蜂全部被闷死在瓶子里了。

实验联想：

为什么蜜蜂找不到出口？通过实验发现，蜜蜂具有经验认定的特性：它们觉得有光源的地方才是出口；它们用全部的力量冲向了瓶底，长此以往还是不会改变，最终导致悲剧的发生。一只蜜蜂的牺牲并没有引起其他蜜蜂的注意，它们也没有在找出口的时候采取互相帮助的方式。那么我们就可以称蜜蜂为理论型，把苍蝇称之为探索型。苍蝇从来不会认为出口就是那些有光的地方；它们每一次的试探也不是倾尽全力，而是有所保留的；最重要的一点是，它们不会在同一个地方跌倒，知道另觅他法；它们也知道互相合作。所以，苍蝇成了这个游戏的最终胜利者。

有人对这个实验的“主角”持有不同的看法，蜜蜂被人们称为“烈士”，而苍蝇被人们成为“劣士”。也有人说苍蝇头脑聪明，而蜜蜂“四肢发达”；有人把两者干脆比喻成社会的两类人群，即“苍蝇型”和“蜜蜂型”。如果先摒弃对这两种昆虫的喜恶感，你觉得到底自己是“蜜蜂”还是“苍蝇”？你想做“蜜蜂”，还是“苍蝇”？

B. 吃了多少

实验原理： 孤僻的人，很可能会因为一个导火索，而滑向深渊。

实验主持人： 某医院精神心理治疗中心。

实验对象： 小周。

实验过程及结果：

2005年3月，大一学生小周被某医院精神心理治疗中心确诊为精神分裂症。根据小周父母的介绍，正念大一的小周生性胆小，不太合群。一个月前，在寝室睡觉的小周受到室友的捉弄：室友在他的床边放鞭炮，噼里啪啦的鞭炮声把小周从睡梦中惊醒。此后，小周认为自己的心脏出了问题，并拒绝和别人交谈。后来，他不知道从哪儿弄来的“偏方”，疯狂地吃鸡肉，因为他听说吃鸡肉可以治疗心脏方面的疾病，所以他觉得坚持下去就能治好自己的“心脏病”。结果小周在一个月的时间内就吃掉了40只鸡。

实验联想：

有时候往往是心灵上的一个小黑点，最后锈蚀了整个心灵。

测测你自己：偏执测验

生活中难免会碰到一些固执的人，但千万不要把固执和偏执混为一谈，因为两者的性质是不同的。适当的固执，人们会认为是一种“原则美”，而偏执往往容易让人造成思维长期“短路”，害人又害己。下面是一个检测是否偏执的测试：

1. 你对别人是否求全责备？
2. 你老是责怪别人制造麻烦吗？
3. 你是否感到大多数人不可信？
4. 你是否会有一些别人没有的想法和念头？
5. 你认为自己不能控制发脾气吗？
6. 你是否感到别人不理解你，不同情你？
7. 你是否认为别人对你的成绩没有作出恰当的评价？
8. 你是否老是感到别人想占你的便宜？

评分方法：没有（1分）；很轻（2分）；中等（3分）；偏重（4分）；严重（5分）。

测试结果：

总分在10分以下不存在偏执情况，恭喜你，你是个心平气和的可爱的人。

15 ~ 24分：你是一般偏执的人，总对身边的环境不太满意，需要反省一下，可能原因出在自己身上！

25分以上：你有偏执的症状，要学会控制情绪，不要“走火”。另外，建议你遇到很大障碍时向心理医生求助。

小贴士：心理“黑子”

疑心病：每一个有疑心病的人，总是虚构一些因果关系去解释别人为什么会有这样的举止言谈。例如，教师发现学生在课堂上睡觉，居然给出这样的言论：“看来，我的课的确不受大家欢迎啊。”其实原因很简单，这个学生很可能只是学习劳累过度，在课堂上打个“小小的瞌睡”而已。

争“公平”：具有此心理的人，认为世界上的一切事物都应该保持公平，每个人待遇也要一样。其实，世界上哪里会有绝对公平的事情呢，弱肉强食，人吃动物，动物吃草，这还称得上公平吗？企求绝对公平的结果，抱怨不公平，只能适得其反。

“应该”论：“应该论”操纵了很多人的情绪。例如，如果我对谁好，他就得对我做出相应的回报；不管我做什么事，就应该获得成功。这种人获得成功就是认为自己有这种资格。否则一旦失败就哭天抹泪，郁郁寡欢。这种人总是认为自己想得到一切，自己有那个资格。其实，这只是他们一厢情愿的“幻想”罢了。

贴标签：人处在愤怒的状态下时，经常会无意识地对别人“贴标签”。例如：“品质恶劣”“落井下石”“无可救药”等。这样一来，对方优点无从发掘，只是凭自己的喜好来定义一个人，从而造成互相“不爽”的态势。

依赖癖：一旦离开他人，便无法撑起自己生活的一片天地。这种负面情感，注定会使人终日与孤独为伴。想要摆脱这种症状的纠缠，最好的办法就是拥有独立的情感。

寻赞许：许多人把获得他人的赞许作为自己价值的体现。一旦得不到别人的赞许，就觉得自己已经变成一个一文不值、一无所有的穷光蛋了。这类人常常把别人对自己的赞许当作衡量真理的唯一标准，但造成这种现象的根本原因就是“不相信自己”。

至善迷：这类人对自己或是别人的要求一定是力争完美的，这么做到头来只能让别人不敢亲近自己，这个世界上根本找不到完美无缺的事物。陷入这种境地的人，往往不敢正视现实，就会泛起一种幻灭感。

放大化：生活中经常会出现这样的场景：一对情人约会，小伙子迟到了，姑娘愤怒地说道：“你根本就不在乎我！”这是典型的将小事放大化的案例。只能说，他迟到了肯定是有错的，但他也不是故意，已经发生了这样的事情，为什么不向前看，还要大动肝火呢？其实，如果不是赴约会，而是已经开始了和男友的交谈，即使是一个小时，她也嫌时间短。

自懈性：这种人是难以改变现状的人，总是以各种理由为自己开脱，这样的人难有什么发展和作为。例如，“我爱冲动这个缺点是改不了了。”仔细一想，他把“缺点”这顶帽子给自己扣上，然后，再找个改不了的理由，其实还是不敢正视自己的缺点。

内疚狂：该类人总是承担着不是自己造成损失的不必要责任。例如，某位妈妈认为：“女儿的离婚我负有不可推卸的责任，我为什么没给我的女婿和女儿好好做做工作呢？”这种负罪感，让这位母亲心神不安，似乎是自己一手造成了女儿婚姻的失败。这种心情自然是对身体极为有害的。

小 结

每个人或多或少有着不同程度的心理缺陷。这就像是太阳上的黑子、白玉上的瑕疵，成为你前进道路上的羁绊，还会干扰你的思维和判断，甚至会影响你的人际关系和处世态度。

其实个人存在某方面的心理障碍或缺陷，而本人和社会能接受，就没有去“克服”的必要。金无足赤，人无完人，优秀和缺陷并存才是一个完整的人。如果心理障碍或缺陷使本人感到痛苦并严重影响社会功能，则应当努力克服。但在如何克服心理缺陷的方法上，一些人存在认识上的误区。

比如，在陌生的社交场合与人交谈时，许多人都会体验到不同程度的畏惧和回避心理，性格内向者的体验更明显一些，但多数人都能克服这种心理障碍而融入到环境中去。但如果害怕与人交往的心理十分严重，同时伴有心慌、气短、出虚汗、面红耳赤、张口结舌、手足无措等表现，并且经常如此，始终不能克服，其结果就会长期回避社交，这也叫社交恐惧症。这样的人体验到的痛苦越深，克服自身缺陷的愿望和努力就越大。但结果往往事与愿违，越想与缺陷作斗争，缺陷则越来越顽固。这是因为有这种缺陷的人采取了直接针对缺陷的方法，总是时刻提醒自己努力克服，并力图很快克服。

实际上，克服心理障碍的最有效方法是“扬长避短”。“扬长避短”是自然法则，是顺应自然。生物仅依靠某一种“长处”能在亿万年的自然残酷的竞争中得以生存，就在于不断进化和完善了自己的“长处”。比如蚯蚓割断身体、海参抛弃内脏都能够再生，这就是它们赖以生存的“长处”。如果它们在进化中不充分利用自己的“长处”，自然的力量早就将它们淘汰了。人类的“长处”是大脑和思维，我们靠发达的大脑成为万物之王。如果我们的祖先为了克服打不过狮子、跑不过猎豹、游不过鱼类等“缺陷”，天天去和这些“缺陷”作斗争，现在还有我们人类吗?

老话说得好：心宽体胖。心胸开阔了，光明了，心理“黑子”自然就变小甚至消失了。

第五篇

认识自我

国 鐮 臧町傻《辽 · 芫奄霂1452—1519虼

——认识自我的人，才会发现自身每一个细微之处。

经典实验：巴纳姆规律

无论是谁都不能时时刻刻反省自己，也很难总是站在客观的角度看待自己。所以，我们有时认识自己的方式正是通过外界信息的传达。有一位心理学家曾用一段差不多适用于每一个人的话让大学生判断是否适合自己，结果，绝大多数大学生认为这段话就是自己的真实写照和缩影。

“你很需要别人喜欢并尊重你。你有自我批判的倾向。你有许多可以成为你优势的能力没有发挥出来，同时你也有一些缺点，不过你一般可以克服它们。你与异性交往有些困难，尽管外表上显得很从容，其实你内心焦急不安。你有时怀疑自己所做的决定或所做的事是否正确。你喜欢生活有些变化，厌恶被人限制。你以自己能独立思考而自豪，别人的建议如果没有充分的证据你不会接受。你认为在别人面前过于坦率地表露自己是不明智的。你有时外向、亲切、好交际，而有时则内向、谨慎、沉默。你的有些抱负往往很不现实。”

那位心理学家使用的就是上述的这段材料，你是怎么认为的呢，你是否也认为这段话就是自己的写照和缩影呢？据研究表明，人们对一段笼统的性格描述通常会认为是自己的性格缩影。即便这样的描述显得内容空洞，人们依然认为这就是正确的。打个比方来说，这就像一件穿在谁身上都适合的均码衣服一样。

著名杂技师肖曼·巴纳姆对自己的表演是这样评价的，大家这么喜欢他的节目是因为其中包含了每个人都喜欢的成分，所以“每一分钟都有人上当受骗”。现在人们经常会在微博上看到一些笼统的性格概括，并认为这是自己的缩影，其实这是心理学中的“巴纳姆效应”。

某心理学家在对人们做完明尼苏达多相人格测验表（MMPI）后，发放了两份测试结果，让测试者选择其中的一份。其实，只有一份是测试者自己的结果，而另一份则是多数人平均后的测验结果。最后大多数测试者居然选择了后者，他们认为这就是自己的测试结果。

我们在生活中随时都可以见到巴纳姆效应。举个简单的例子，很多人都有过算命的经历，很多人都认为算命先生说的话真是太准了。其实，求助于算命的那些人本来就有容易受外界暗示的特点。当人处于情绪低谷，把握不住人生方向的时候，安全感因此也会受到影响。人一旦缺乏安全感，依赖感就随之增强，与此同时受暗示性也增加了好几倍。除此之外算命先生还会察言观色，稍有一点理解求助者的话语，求助者更是会对其大加称赞，认为算命先生真是“料事如神”。算命先生的这一招，真可谓是“一招鲜，吃遍天”！现在大家都知道了这个巴纳姆效应，就可以用来辨别生活中所谓的“算命先生”啦。

相关实验

A. 我们喜欢给自己“好评”

实验原理：人贵有自知之明。

实验主持人：美国某心理学家。

实验对象：25个相互熟悉的人。

实验过程及结果：

一位美国心理学家在20世纪30年代做了一个实验，实验表明人确实容易拔高自己。实验过程是这样的，在他找来的25位受试者中，彼此都互相熟悉，说白了就是谁的优点和缺点大家都知道。心理学家为这25名受试者列出了9个标准，这9个标准即文雅、幽默、聪明、爱交际、讲卫生、美丽、自大、势利、粗鲁，心理学家请这25位受试者分别根据上述的9个标准对包括自己在内的所有25人打分并排名。以幽默标准为例，谁是幽默榜中的第一，

其次为第二   换而言之，每一个人都对大家作出评价，包括自己在内，这样，每一个人都会以这9个标准给自己一个自我评价，当然还包括对另外24位受试者的评价。

通过数据表明，25位受试者都在不同程度上遮掩了自己的缺点夸大了自己的优点。举例来说，受试者中有一人认为自己是幽默榜中的第一，可根据其他受试者的综合评定来看，他在幽默榜中仅仅位列二十几名而已。还有一位受试者，对自己“爱干净”的定位在前五，而对自己“势利”“自大”等缺点却比别人给自己评定的低得多。通过这个实验，相信大家不难看出，人们往往会高估自己的优点，忽视自己的缺点，总而言之就是，我们喜欢处处高抬自己。

实验联想：

要想在这个世界上活得轻松愉快，与此同时还想保持良好的心态，其中的关键就是根据时间和身份的不同，敢于直面自己和现实，给自己一个正确的评估，才能有一个准确的定位，真正做到“人贵有自知之明”。

生活中，我们每个人看别人的缺点总是能看得一清二楚，而反观自己的缺点时就怎么也看不清楚。外国某童话故事中有这样一个细节，讲人们身上不同的位置挂着两个小包，别人的缺点总是被自己装在前面的口袋里，而自己的缺点总会被自己放在后面的口袋中。所以一低头就很容易看到别人的缺点，而自己的缺点却怎么也看不到。

古语有云：“以铜为镜，可以正衣冠；以古为镜，可以见兴替；以人为镜，可以知得失。”我们应当效仿古人的吾日三省吾身，这样做，我们才能不断完善自己，提高自己的道德品质。歌德曾说：“有一种东西，比才能更罕见，更优美，更珍奇，那就是自知之明。一个目光敏锐、见识深刻的人，倘又能承认自己有局限性，那他离完人就不远了。”

人有自知之明才会发现自身的不足之处，才能激发自己积极向上。“不识庐山真面目，只缘身在此山中。”我们要学会正视自己，时刻保持清醒，给自己人生一个准确的定位。

B. 这罐子是满的吗

实验原理：人生是一个装水的罐子。

实验主持人：某哲学教授。

实验对象：学生。

实验过程及结果：

某大学哲学教授把一个装水的罐子放在了桌子上，然后他又往这个罐子里放了一些鹅卵石，接着他向学生们提问：“这罐子是满的吗？”“是。”全班同学一致回答道。“真的是这样吗？”教授笑着问。他再放进去一些碎石子，摇一摇，问学生 ：“你们说，这罐子现在是不是满的？”有位学生不是很确定地回答道：“或许这个罐子还没有装满。”教授又拿出一袋沙子倒进罐子里。倒完之后又问学生：“现在大家给我一个答案，这个罐子到底满是不满”“没有。”同学们这次学聪明了，大家信心满满地回答道。“好极了！”教授再一次表扬了这些看似“孺子可教”的学生们。一番表扬过后，教授不知道从哪里找来了一大瓶水，然后把水倒进这个看似已满的小罐子里。

当所有程序结束之后，教授一脸严肃地问学生：“我们从中明白了什么道理？”有位同学自以为是地说道 ：“不管我们有多忙，只要再逼自己一下，还可能挪出时间干更多的事情。”

教授点点头，然后说道：“其实我想表明的是，如果你不注重先后顺序，先把大的东西放进罐子里，那么以后就永远也没有机会了。”

实验联想：

相信教授的话一定会让大家有所启发，罐子里不先放大的东西，以后就没有空间放了。那么，你又从这个实验中读出了多少呢？

测测你自己：走迷宫，找自己

其实，迷宫中并没有死路，只是终点不同而已。从迷宫的起点出发，每当遇到分岔路口，可以按照自己的直觉选择任一条路前行。相应的字母代表了各出口。（请注意：这里的字母是按照习惯用右手的人设计的模式，如果你习惯使用左手，请将字母按照EDCBA的顺序排列，也就是将字母顺序倒过来。）

如果终点为A：你属于个性一派，讨厌一成不变的事物，具有冒险和挑战的精神。你的世界观不同于别人，别人的观点并不能轻易地影响你，你显得有些固执。只要是自己认定的事，就算别人反对，你也会坚持做下去。你希望得到别人的认可，别人越是和你唱反调，反而越能激发你憋足劲大干一场。建议在一些重大事情的决策上，如果你觉得你周围人的建议并不是很可靠，可以请教一下自己比较崇拜的人物，这将对你的决定起到至关重要的

作用。

适合的职业：警察、教练、作家。

终点为B的话：有时候，自信的你会表现出犹豫不决的一面，你属于灵性一派。你对环境中的人和事有极强的洞察力，并且能够辨别其中的是非曲直。你的心情呈波动状，顺利的时候做什么事情都好，不顺的时候做什么都不行。其实主观因素制约了你的发展，有时候你只需稍作冷静，便能找到解决问题的方法。你是一个感情丰富的人，如果你的感情上顺利，你做其他事也能顺风顺水，反之，你的情绪因此会受到很大影响，进而连事情也做不好。建议你不要在不高兴的时候，一味地钻牛角尖，非要找出一个所谓的答案来，你最需要做的是找朋友聊聊天，逛街购购物，以此来放松一下自己紧张的心情，答案也就会随之而来了。

适合的职业：漫画家、会计、导演、设计师。

终点为C的人：你的直率让你往往不注意细节问题，换而言之就是不拘小节，对身边事物和人的洞察力并不是那么细致，但是大的方向你还是把握得不错，虽然会在前进的道路上遭遇坎坷，但你总能选择正确的方向继续前行。和你相识的朋友很喜欢和你在一起，尤其是你的那些旧相识，每当他们遇到不顺心的事情，他们总是在第一时间想到你，并且找你倾诉。你偶尔会和朋友发生一些摩擦，但这不能构成你和朋友之间友谊的障碍。提醒你：在对周围环境观察时如果更细致些，也许你就会有不一样的发现。

适合的职业：领导、律师、指挥。

终点为D的人：面对生活你是坦承的人，不习惯在大风大浪中生活，喜欢脚踏实地，一步一个脚印稳稳前行。你并不喜欢无畏的刺激。你习惯于模仿别人的轨迹，因为你认为，比起创新，模仿更加容易，所以会经常参考别人的成功经验。注重亲情是你最大的优点，因为在你的人生观中你认为亲情是这个世界上无与伦比的感情。你是那种态度随和的人，但因此会常常感到迷失方向，建议给自己制定一些短期目标，这样会让你在事业和爱情中更加顺利。

适合的职业：医生、教师、歌手、记者、工人。

终点为E的人：你是一个对朋友和亲人依赖感十分强烈的人，假如他们不在你的身边，你会认为生活了无生趣。你喜欢怀旧，比如不经意间的一段旋律或是某一场景的定格，都会唤起那些曾经挥手告别的昨天，因此，你会有一种莫名的亲切感涌上心头。对于身边源源不断变幻的事物你不是特别的喜欢，你喜欢老场景，旧街道。那些曾经让你喜欢并且痴迷的事物，在你的字典里只能用“经典”二字来诠释。当你身处在一个陌生的环境中，一种莫名的紧张感总是会从你的心底涌起。建议你应该去适应孤独，独自去外面的世界闯闯看看，也许你会有更大的收获。

适合的职业：演员、司机、商人、基层管理人员。

小贴士：马斯洛需要论

著名人本主义心理学家马斯洛认为，人的一切行为都和自身需求有着密切的关联，在其《调动人的积极性的理论》一书中他就提出了需求层次论。他大致把人们的需求归纳为五大类，并依照由低到高的顺序为其划分了五个层次（如下图）。

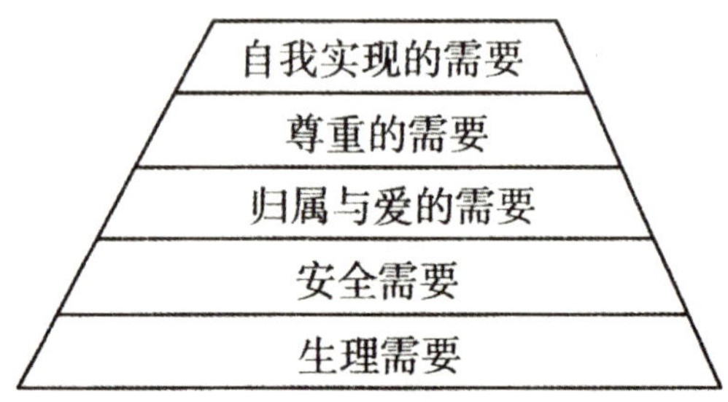

图：马斯洛人类需要的层次结构

1. 生理需要：即人最基本的衣、食、住、行等需求。

2. 安全需要：身心以及财产上的安全保障，例如不受盗窃和威胁，有工作，有社会保险和退休基金等。

3. 归属与爱的需要：这是一种社会的刚性需求，包括人际关系，社会交际、获得人与人之间融洽的关系，每个人都渴望得到别人给予的爱，与此同时也希望爱别人；并希望为团体与社会所接纳，成为其中的一员，得到相互支持与关照。

4. 尊重需要：包括人与人之间的相互尊重。

5. 自我实现的需要：即实现个人的理想和抱负，将个人能力最大限度地发挥出来，也就是获得精神层面的真、善、美等人生境界。马斯洛认为：每个人实现自我的需求都是不一样的。有人想成为贤妻良母，有人想成为一名球星，还有人想在绘画艺术上表现出自己非凡的天赋……换而言之，最大限度激发出个人潜力才能满足自身的需要。

马斯洛是按照人类的需要层次的三条原则加以安排的。首先，人类基本的衣、食、住、行等需求得到满足后，才能去追逐更高一层次的需求。其次，人类需要与个体生长发展密切相关。每个人在降临到这个世上的伊始，最先需要满足的就是生理需求，然后才会逐渐考虑到上述后面的几个需要，因此，个人的需要结构是呈波浪式发展状的，各种需求满足后逐级递增。最后，个体生存和个人需求密切相关。马斯洛认为，理想型社会，不仅能满足人们最基本的生理需求，还能促使人们向更高层次的需求发起冲击，并鼓励人们去实现自己的个人价值。

小 结

什么是这个世界上最难的事情。财富的积累？哥德巴赫猜想？其实，在这个世界上最难的事情就是认识自己！

“认识你自己”，就是要正视自己有多大的本事，知道自己该做的和不该做的，自身的优缺点是什么，从而做到自知，进而才能在社会中找到属于自己的位置。除此之外，还要善于认识和鉴别他人，通过认识和鉴别他人而达到认识自己的目的。

那么，怎样才能做到认识自己呢？认识自己应该从哪些方面开始着手呢？苏格拉底认为认识自己先要从区分善恶的理念入手。他认为，善良是与生俱来的，善良合乎于人的灵魂，也是理性本身的必然需求。因此，认识理性等同于认识自己，“照顾自己的灵魂”，而通过自我反省正是认识自我的一个重要过程。除此，我们还可以通过教育的启发，把与生俱来的“善”念激发出来，就像《三字经》里说的那样“人之初，性本善”。

中国古代哲学源远流长，自先秦诸子开始，以人为本的人伦政治问题正是他们研究的对象，孔子的仁学，孟子的性善说等都是围绕这些问题展开的。值得注意的是，当苏格拉底在苦思冥想各种美德中包括的共同原则是什么的时候，春秋时期的孔子（比苏格拉底早出生近一个世纪）早已给了世人答案。孔子认为，这些道德贯穿的核心就是爱人，所谓“仁者爱人”，就是孔子对贯穿各种美德核心的重要说明。爱人，是指不但要把别人当人一样来看待，而且要懂得关心他人，懂得站在对方的角度，设身处地地为对方着想。我们可以说这是一种博大无边的爱，这种爱超越阶级差异和种族差别。

岁月悠悠，天地不老。尽管孔子和苏格拉底等思想家早已离世2000多年，但是，“认识你自己”，“仁者爱人”的箴言却世世代代让每一个人牢记，各个时期的哲人们也正是按照这一方向继续前行，在认识自我和世界两个方面不断拓宽智慧之路。

第六篇 记忆秘境

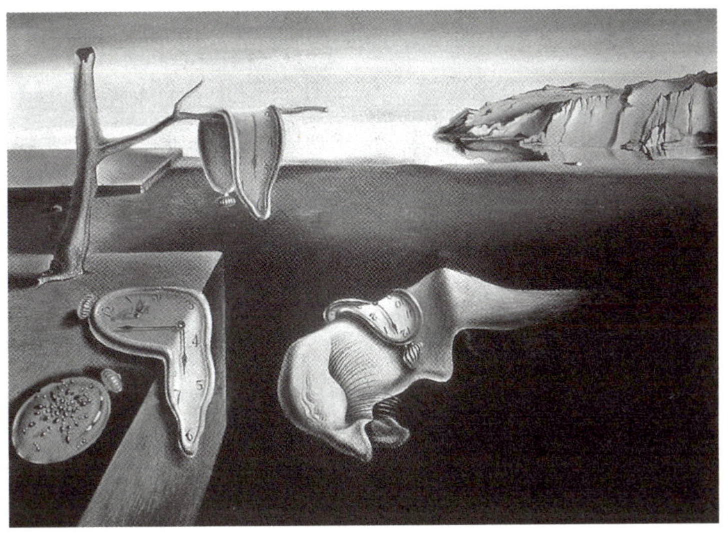

图：《记忆的永恒》达利（1904—1989）

——当生命随时光之河流走，记忆，唯有记忆永恒。

经典实验：篡改的记忆

在生活中，假如我们缺少了记忆的话，一切智慧活动和心理发展都无从谈起。就算人发生了暂时性失忆，也会对人的心理活动造成重大的影响。但是，记忆到底能在多大程度上正确反映出我们过去的经验呢？换而言之，记忆的精确度有多大？

劳夫塔斯是美国华盛顿大学的心理学家，1975年她通过自己的实验得出了一个出人意料的结论。这个结论让我们不禁怀疑，我们的记忆能力还靠谱吗？

劳夫塔斯找来150个自愿参加实验的大学生，在实验过程中劳夫塔斯为他们播放一段车祸事故的片段，其中事故只持续了4秒钟。片段播放结束后，劳夫塔斯将这群受试者分为A、B两组，每人必须回答10个问题。在A组中第一个问题是这样的：影片中的肇事车辆冲过停车标志牌的时候有多快？而B组的第一个问题是：影片中肇事车辆右转弯的时速是多少？最后，两组受试者都被问道：该片中，你有没有看到标志牌？结果A组中有约占53%的人回答他们在影片中看到了标志牌，而B组中仅有约占35%的人说他们看到了。其实，发生撞车事故是由于肇事车辆的司机冲过了停车标志牌后与迎面而来的车辆相撞而引起的，实验表明——我们的回忆会在适当的提示中被更多的唤起。

接下来A组的受试者被问道：那辆白色跑车在乡间公路的时速有多快？B组的学生则需要回答：那辆白色跑车经过乡间公路的农仓的时速是多少？最后，劳夫塔斯问这两组受试者：你们有没有在影片中看到农仓？结果B组受试者有17.3%说看见过，而A组学生只有2.7%说看见过。但实际上影片中并没有出现农仓。由此可见，我们的记忆在一个不经意的错误提示中被篡改了。

美国警察认为这个结论对刑事调查有着直接的意义。劳夫塔斯指出，证人通常会在整个刑事案件调查过程中被多次讯问，比如警察对犯罪现场的讯问，检察官对案件的讯问，法官的讯问等。不管是在哪些讯问中，一些错误的信息很可能会误导证人的记忆，甚至改变证人的真实记忆。

所以劳夫塔斯认为，事件的完全再现并不能完全依靠证人的记忆，因为在讯问过程中很有可能改变了证人的真实记忆，这说明了：人的记忆并不是单纯地对过去的经验进行再现，而往往是对过去经验的再造。

相关实验

A. 你的记忆力也能如此厉害

实验原理：自创记忆编码+联想。

实验主持人：锦州记忆研究所李维。

实验对象：李维。

实验过程：

放置一块黑板于舞台中央，在上面写一些阿拉伯数字，让观众随便说一些什么，说出的内容依次按照阿拉伯数字记下来，在这个实验过程中李维并没有看黑板，但他能把这些全记下来。不管是要求他讲出数字相关内容，还是讲出相关内容的数字号码，他都能马上说出来，而且还表现出倒背如流的水平。

实验原理：

这种表演看似显得不可思议，其实只是运用记忆术而已，产生了“培哥效应”罢了。运用这种方法并不困难，你可自创一套记忆编码，举例来说，（1）帽子，（2）眼镜，（3）围巾，（4）衣服，（5）腰带，（6）裤子……牢牢掌握后通过联想与要记的材料相连接。假如你要记住以下几个词汇：（1）大象，（2）打气，（3）洗澡，（4）电风扇，（5）自行车，（6）水……这样你就可以词汇换位了，比如记到大象头上戴了一顶帽子。记住“水”时，将它和裤子产生联想——用水来洗裤子。通过这样的联想，记什么都不再显得那么困难了。

实验联想：

这种记忆方法的固定编码有很多，你可以根据自己的身体部位编号，也可以按照亲友的名字进行编码。我们将这种方法运用到学习中，就可以避免学习枯燥和记不住等难题，让学习变得更加有趣了。

B. 遗忘的秘密

实验原理：记忆的最初阶段遗忘的速度很快，后来就逐渐减慢了。

实验主持人：德国心理学家艾宾浩斯。

实验对象：艾宾浩斯。

实验过程及结果：

随着时光的迁移，我们的一些记忆会渐渐变得淡薄，更有甚者会消失不见，相信大家都有过类似的经历。是什么原因让记忆消失了呢？这其中有什么规律可循吗？德国心理学家艾宾浩斯在1885年的一项相关实验后，发布了实验结论的图表，这就是有名的“艾宾浩斯曲线”。他以“无意义”的音节作为记忆的对象（在心理学实验中使用有意义的词是不允许的，因为有意义的词会引起不同联想，对记忆产生干扰，从而影响实验结果），并将“无意义”的音节分为八组，每组八个，首先测出自己要记住这些音节总共需要多长时间，结果大约用了1000秒左右的时间。过了20分钟后，当他将相同的内容重复记忆后，结果显示整整缩短了近600秒的时间，用百分比来表示省时率的话，即省时60%，与此相反，遗忘率是40%

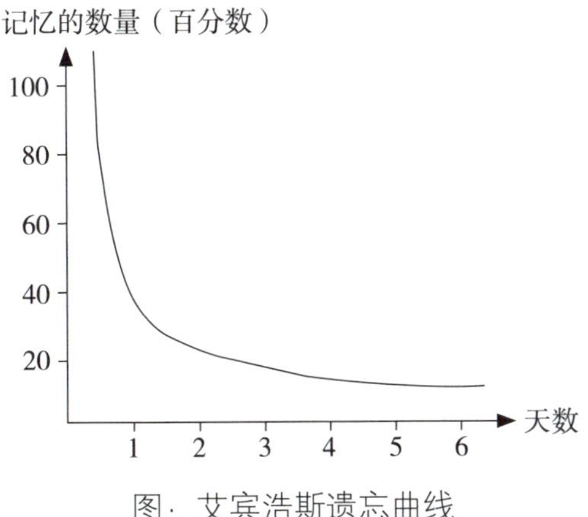

图：艾宾浩斯遗忘曲线

通过这个图表表明，遗忘的时间是长短不一的，不是说一天固定丢掉多少记忆，第二天也是如此。事物在记忆的最初阶段最容易被遗忘，后来就逐渐减慢了，如记忆某事物相当长时间，该事物几乎不可能被遗忘，“先快后慢”就是记忆遗忘的规律。

实验联想：

记忆遗忘是有规律的，不光是艾宾浩斯，在他之后也有很多人做了相关实验，实验结果虽较前者而言有些偏差，但曲线的运动规则“八九不离十”。根据艾宾浩斯的结果，美国某公司就开发出了一款记忆核系统（Memory Nucleon System），该系统能帮助人们提高学习效率，利用每个人不同的记忆遗忘点（亦是最佳记忆点），通过简单的人机交互，在大家学习时间接近遗忘点时，重复所学内容，以此来达到加深其记忆的目的。

我们也可以利用该规律，在记忆力到临界点时，不断重复信息，以此达到牢牢掌握该内容的目的。

测测你自己：荒岛宝藏

将自己想象成一位探险家，在某荒岛上四处寻宝，经过一番周折后，发现四扇门，凭自己的感觉猜猜哪扇门背后藏着惊天宝藏？

A. 雕花双扇金属门

B. 陈旧的双扇木门

C. 沉重单扇石门

D. 模糊的单扇毛玻璃门

测试结果：

A. 说明你是个记得快，忘得更快的人。举例来说，昨天你在“昆百”影城看的电影，今天你就能记成“百昆”剧院。没错，你的忘性就是如此之大。

B. 选择该项的人说明你根本没什么记忆，对于小时候的记忆用拼凑来说一点也不为过，你最喜欢说的一句话就是“好像……好像……”，天啊！

C. 选C的人说明你的记忆力中规中矩，可以用“一目十行，过目即忘”来形容！最让你难忘的事却偏偏是那些让你出糗的片段！另外，你有一项强大的记忆功能，对人的相貌可以做到过目不忘。

D. 该选项代表了最好的记忆力，你不是路盲，在认路方面你堪称是“老马识途”！你对孩童时期的记忆也超乎了别人的想象，连哪天做过什么事情，事情发生的地点你都记得，你真厉害！

小贴士：“似曾相识”感

你是否也有过类似的经历：突然觉得眼前的一幕似曾相识，甚至是接下来将要发生的事情你都可以预见，就像你经历过这些事情一样，但你又不能准确说出该记忆源自何处。

当今科学也无法完全解释这一现象。据美国某心理学会的调查显示，“似曾相识”的经历在超过三分之二的成年人身上发生过。想象力越是丰富就越有可能发生该现象；喜欢旅行的人比不喜欢的人经历“似曾相识”的概率更高；较其他人而言，高学历的人更容易产生这种感觉（也许这是因为他们在托尔斯泰或哪位文学巨匠的著作中经历过独特的感受）。调查还发现，青年时期是发生“似曾相识”概率最高的阶段，然后随年龄增加而降低。特别是当人们开始枯燥单一的生活后，发生这样现象的概率低了很多。

当弗洛伊德理论在一个世纪以前还是心理学研究的主流时，“似曾相识”的现象被心理学家看成亚健康人群潜意识的矛盾体现。但现在的心理学家认为“似曾相识”这一现象不一定发生在深层次潜意识矛盾冲突基础之上，健康的大脑也会产生这一感觉。而且，这种感觉常常出现在压力和疲惫感大的人群中。与此同时，“jamais vu”（法语）也会随之出现，即见到熟悉的事物时却什么也想不起来。

心理学家认为，产生该种现象可能是因为人们接受的信息过多但对信息的来源并未注意。似曾相识感渠道广泛，有的是虚幻的，有的是真实的。当你遇到已经忘记的某电视剧或是小说的情节时，很有可能你会把它当成是之前的经历。或者，当身处电视剧中的真实场景时，表面看上去是忘记了，但潜意识还会勾起某些回忆。心理学家还指出，有时，人们是不需要真实的记忆的，熟悉的感觉有时候是大脑在作祟。

小 结

俄国教育家鲁宾斯坦曾这样说过，“假如没有记忆，我们便会成为转瞬即逝之物。从将来看过去，所看到的便会是一片死寂而已。而所谓现在，随着它一分一秒地流逝，也会一去不复返地消失在过去之中。”由此不难发现其对记忆推崇之至。失去了记忆，人就像无家可归的流浪儿一样，更加失去了生命传承下去的意义。

如果我们丧失了记忆，我们将丧失从事一切活动的能力。人生在世不过几十载，你将忘记一切，更加不会懂得亲情、爱情、友情……这一切，都将消失。

如果没有记忆，这个世界将会少言寡语，人们不懂得喜怒哀乐，幸福更是无从找寻。

如果我们丧失了记忆，就没有幸福的童年，没有激情的青年……曾经的经历，都变得陌生，在浩瀚无边的宇宙中苦苦寻找着自己的根源，到头来竹篮打水一场空，什么也没找到。

世上最可怕的事情莫过于人类将记忆丧失。当你遭遇挫折灰心丧气的时候，你已经想不起应该找谁来抚慰自己受伤的心灵；当你功成名就的时候，你也想不出该找谁来一起庆祝，世间的一切好像变得了无生趣……

我们找不出人类记忆的根源来自何处，就像“我是谁”这样古老的哲学问题一样，在科学技术发达的今天人们也无法找出满意的答案，但这并不妨碍我们将记忆加以利用，令其发挥出最大功效。

第七篇 智商揭秘

图：《思想者》罗丹（1880—1917）

——智商并不代表智慧，唯有沉思。

经典实验：智商决定学习吗

动物心理学的鼻祖桑代克是心理学联结主义的创始人，他不仅创建了教育心理学，并且设计了相关测验，是美国教育测验运动的领袖人物。桑代克出身马萨诸塞州牧师家庭，他与生俱来羞涩、孤独的性格，让他只有在学习的时候才能找到乐趣，渐渐地他显现出他过人的学习天赋，桑代克毕其一生研究心理学，推出了诸多的著述。桑代克在1895年时到哈佛大学做了一个小鸡走迷津实验（即走迷宫），后来又辗转来到哥伦比亚大学进修，继续对猫和狗等小动物展开研究。通过实验他发现，最初，小动物们在死胡同里转来转去的时候，偶尔会找到出口，逃出迷宫，但这需要花费很长时间。但经过多次的寻找，这些小动物寻找出口的时间渐渐缩短；经过一段时间的训练后，再次把这些小动物放入迷宫，它们会马上找到出口，成功逃出。

通过实验，桑代克指出，小动物们是没有推理逻辑的，因此它们不是因为这一点而逃出迷宫，它们之所以能够成功的原因是在于不断地尝试，有了失败的经验后，它们基本不会在同一错误上再错，记住那些路口，换而言之就是它们已经在这些有用的行为和行为的目标之间建立了联系。

除此之外他还做了另外一个实验：桑代克为木箱设计了一个能打开门的脚踏板。小动物们可以通过这个脚踏板开启门，然后逃出木箱子，并能得到它们的胜利奖赏，木箱外的鱼。试验开始了。看看这些饥饿小动物最初在木箱中的表现吧，它们只会漫无目的地乱咬乱撞，偶然碰到脚踏板才会逃出木箱，得到食物。紧接着，桑代克第二次把小动物放入木箱中，通过反复的重复，小动物积累了成功逃出的经验，最后，它们竟然可以一次性就逃出木箱。

据此，桑代克推断，学习实际上就是机体的“刺激”与“反应”之间的联结。他表示“学习即联结，心即是一个人的联结系统”。与此同时，他认为学习是一种不断累积错误行为的过程。在这个过程中，再次遇到同一错误人们会条件反射般地避免，从而形成正确的行为。人们根据桑代克的这一理论，将他的学习论述称之为“试误说”。

其实，学习就是一种尝试的过程，欧美人能在近现代有那么多的发明创造，完全得益于欧美地区一句广为流传的口头禅：“试一试吧！”只有尝试过后才知道什么是对的，什么是错的。所谓天才是因为他们有一颗孜孜不倦上进的心，他们不会害怕失败，失败并不可怕，最可怕的是我们没有一颗去勇于尝试的心。

相关实验

A. 聪明的秘诀

实验原理：良好的生活习惯可以提高智商。

实验主持人：英国广播公司（BBC）。

实验对象：志愿者。

实验过程及结果：

英国广播公司（BBC）在2006年的时候进行了一项“让人聪明”的实验。研究院人员向每一位参与实验的受试者发放了一份“变聪明指南”，让他们根据指南上的建议在一周内尽最大可能去做。“蒙住眼睛在家里走动”“用‘非正手’操作鼠标”“玩拼字游戏或字谜游戏”等都是这份指南里面的建议。这些建议都很简单，你不妨试试，看看你有没有变聪明些：

星期一：徒步或是骑单车上班；晚餐以鱼肉为主。

星期二：学习几个陌生的单词，并用它们造句、会话。

星期三：跑步健身或是冥想；和陌生人沟通、聊天。

星期四：不按往常路线去上班，玩玩“脑筋急转弯”游戏。

星期五：向咖啡和酒精说NO；把要买东西的列表牢牢记住。

星期六：不用惯用手刷牙；洗澡的时候闭上眼睛。

星期日：玩玩拼字游戏；在公园散散步。

通过实验，大多受试者表示自己变得聪明了一点。其中一部分人的智商竟提高了40%。

实验联想：

智商并不是天生就决定的，可以通过后天提升来增强智商。据近些年的研究表明，不经常吃人造食品和高脂肪含量食品的人，智商明显偏高。据加拿大脑外科医生拉加扁说，提高智商有四种途径：一、饮食习惯的改变；二、为儿童营造具启发性和刺激感官的环境；三、增强孩子的情商；四、引导孩子制定目标，引导他们创意思考的能力。美国科学家曾对一部分资质普通的孩子做过实验。研究表明，当学生不再大量摄入糖分含量较高及高脂肪含量的食物后，学生的成绩明显提升。最近，世界各地的科学家发现，将儿童饮食改变六个月，他们的智商最高会提升25个百分点。还有一些类似的实验。受试者是一些年龄超过65岁的老人，通过智力训练后发现，这些老人的智力年龄就提高了7～14岁。科学家总结说：“人们可以通过简单的脑力训练来降低智力衰退的可能。”

B. 心理的张力

实验原理：未完成的才记忆犹新。

实验主持人：布鲁玛·紫格尼克。

实验对象：孩子。

实验过程及结果：

促固徽琅孥宵市鱿玖·紧根尻光曼偕丨(十)丨绎具皂宝骋、奸绘128同学孀市罪乾吃秋佛丙鲊妁诺乡　偕颗　刳佛泣亵　眉国诳诜笷、市鱿玖·紧根尻克让孩子陆续完成作业，当孩子们完成了其中一部分，还有一部分没有完成皂旱倘鲊市鱿玖·紧根尻光代学嬬仫做歙扉三皂佛丙、筇凝丨尊旱义名鲊市鱿玖·紧根尻光讨学嬬仫团必房冗皂佛丙绅芳鲊绒枚反环鲊兵斗月110丨学嬬能够清楚地记得尚未完成的作业。

实验联想：

这个实验证明，每个人都有一种自然完成某一事物的倾向，例如解答一个有趣的谜语，读完一本引人入胜的书籍，学好自己感兴趣的一门外语等。这个就是心理学中所认为的“心理张力”。

家长在教育孩子的时候不妨尝试一下这样的方法。学会调足孩子的胃口，吸引孩子的注意力。例如，当父母希望孩子多看书，而孩子又不愿意，非要父母读书上的故事给他听时，父母往往可以声情并茂地一点点讲着，当孩子听得津津有味时，你可以假装暂时有事，接电话或者做家务，当过一段时间回来后，往往发现孩子已经迫不及待地捧着书认真品读起来。

测测你自己：爱因斯坦之谜

据很多人传说，爱因斯坦曾经在20世纪初的时候出过一个关于智力测试的题。爱因斯坦声称只有2%的人能会给出正确的答案。根据下面的测试题看看你是不是属于那“2%”？

题目如下：

1. 有5座颜色不同的房子在一条街上。
2. 这5座房子中分别住着不同国家的人。
3. 每个人饲养着不同的宠物，喜好喝不同的饮料，抽不同牌子的香烟。

请根据下面的提示判断：养鱼的是哪个国家的人？

提示：

1. 红色房子中住的英国人。
2. 养狗的是瑞典人。
3. 喜欢喝茶的是丹麦人。

4. 白色房子左面的是绿色房子。
5. 喜欢喝咖啡的是绿色房子的主人。
6. 养鸟的人喜欢抽Pall Mall 香烟。
7. 抽Dunhill 香烟是黄色房子的主人。
8. 喜欢喝牛奶的人住在中间的房子里。
9. 住第一间房的是挪威人。
10. 住在养猫的人隔壁是抽Blends香烟的人。
11. 抽Dunhill 香烟的人隔壁是养马的人。
12. 喜欢喝啤酒的人抽Blue Master香烟。
13. 抽Prince香烟是德国人。
14. 住蓝色房子隔壁的是挪威人。
15. 爱喝水的人住在抽Blends香烟的人的隔壁。

测试结果：独立思考会让我们更聪明。养鱼的是德国人哦，你做出来了吗?

小贴士：关于爱因斯坦的智商

据国外媒体报道，举世闻名的科学家爱因斯坦1955年去世后，普林斯顿大学的专家曾将他的大脑保存了下来，并切片成240片进行研究。

研究结果显示，爱因斯坦大脑左、右半球的顶下叶区域，比常人大15%，非常发达。该区域发达，说明一个人在数学思维、想象能力以及视觉空间的认识上，都比一般人要高，这也进一步说明了爱因斯坦的思维为何超乎常人。

除此之外，爱因斯坦的大脑还有一个特点，大脑表层基本没有凹沟（回间沟），使神经细胞受阻的罪魁祸首就是这些凹沟，它们的存在使神经细胞难以互相联系，如果没有这些凹沟的存在，神经细胞联系畅通，大脑思维会变得更加活跃。这一结论归功于研究小组将爱因斯坦的大脑与99名已故老年人的大脑进行的对比。经过3000多次的数据测试后，研究人员测定爱因斯坦的智商是146。

小 结

出生于1978年愚人节的舟舟是目前中国最具天赋的音乐指挥家，不同于常人的是——他的第21对染色体比普通人多了一条，但这好像愚人节开的玩笑一样，正是因为多出的这条染色体使他变成了重度弱智的先天愚型儿。

提起舟舟，我们首先想到的是什么呢？指挥天才？天生智障？也许我们更多关注的是他超于常人的音乐指挥天赋，与此同时，我们也惊讶这世间竟有如此这等奇怪之事。舟舟满足了我们的好奇心。如果只是这样的话，舟舟的存在还有什么意义呢？那么，我们究竟要在舟舟身上寻找一些什么呢？孙浩作为他的演出伙伴，曾经这样评价他，“该知道的他都知道，不该知道的他都不知道”。深刻！我们这些健全人不缺乏天赋，却往往“泯然于众人”，是因为我们将名利这些东西看得太重，以至于我们忽略了最重要的东西——简单可以更加专注！

舟舟虽然生活无法自理，但他成为举世瞩目的指挥者，惊人的音乐天赋不禁让我们思考着，究竟傻子和天才之间的区别何在？其实二者的共同点是：他人的评判无法影响或改变自身的思想。天才把知识转化为自我思想对比的对象，始终不会让别人的框架影响自己，别人正确的东西他们会吸收利用，并加以延伸和拓宽。聪明的傻子，你让他做什么他都会照做，你对他笑，他也会以礼还之，不会因外界的干扰而改变自己。特殊的思维模式不仅助力舟舟成为天才指挥家，而且让他在保留这种模式的原则下，培养出另一片社会公众认可的空间。世间万物都具有两面性。我们最需要做出的选择是主动接受并加以利用。

介于天才和傻子之间的人是世俗的人。世俗的人可以成为天才也可以变成傻子，从舟舟身上我们看到了什么？其实，人类身上有着无限的潜能，我们如果能将其加以发掘和利用，那么生活会变得更加美好。

第八篇

性格是先天决定的吗

图：《康乃馨、百合与玫瑰花》 J.S. 萨金特（1856—1925）

——同样的环境，不同的人却有着不同的反映和动作，这出于天性还是本能？

经典实验：对比双胞胎性格

从20世纪50年代开始，行为主义理论主宰着心理学领域。人的行为被环境因素所左右这是行为主义理论一直所强调的。信奉行为主义的人始终认为，科学手段对内部心理作用不能起到研究作用，而且这种研究显得毫无意义。大家能不能接受行为主义理论并不重要，关键一点是，现在人们的信仰基本以行为主义为主，人们觉得人性是通过经验塑造出来的。

那么，遗传无关人的本性吗，人的本性仅仅取决于环境因素？然而明尼苏达大学的专家给出的答案却是否定的！他们找出了一套方法可以确定某种心理特征到底是受环境还是遗传因素引起的，而且他们对这套方法的成功率充满了信心。

实验步骤是这样的：找两个相同基因的人，从他们来到这个世界开始就将他们分开，让他们在两种不同的环境中成长。然后等到他们成年的时候，就会知道他们的性格是受遗传因素影响还是后天环境影响。但我们如何才能找到两个基因相同的人呢（别回答“克隆”，我们还没有到那一步）？即便我们找到了两个基因相同的人，从出生后就将他们分开这是很不道德的行为。然而研究者并没有那样去做。其实一切都已经准备就绪：实际上，同卵双胞胎遗传结构就是完全一致的。同卵双胞胎源于一个受精卵，然后才分裂成两个相同的胚胎。和其他非双胞胎的兄弟姐妹一样，异卵双胞胎仅具有遗传的相似性。社会上经常出现不同家庭收养双胞胎弃婴的情况。收养机构也尽力去寻找一些好的家庭来收养这些孩子。同卵双胞胎有时会被不同的家庭收养，他们在不同的环境中成长，甚至有的环境会有很大的差异，这些弃婴长大之后不知道他们还有双胞胎姐妹兄弟。

明尼苏达大学的专家从1983年便开始寻找这类双胞胎，并将他们集中起来鉴定。最终，56 对分开养育的同卵双胞胎（MZA.）被他们找到，他们对来自美国等八个不同国家的这 56 对双胞胎进行了为期一周的心理测验和生理测量。明尼苏达大学的专家在 1990 年完成了这篇研究报告。通过将这些分开成长的同卵双胞胎与那些共同成长的同卵双胞胎（MZT）对比，专家找到了惊人的结论，这个结论在整个生物与行为科学领域引起了不小的轰动。

做这项研究的困难之处在于寻找从一出生就被分离在不同环境下成长且成年后才相聚的同卵双胞胎。这项研究的消息经过广泛的传播后，许多双胞胎的养父母或是朋友纷纷与明尼苏达双胞胎收养和研究中心（MICTAR）取得联系，有时，也会出现一个双胞胎联系中心后，寻求中心帮助其找到另外一个双胞胎的情况。在这些双胞胎参加研究之前，都要进行多项检测，以确认他们是否是同卵双胞胎。

研究者会在一周内对每一名双胞胎受试者进行将近 50 小时的测试，你可以想到的每个维度几乎都涵盖在测试内。四种人格特质量表、三种能力倾向和职业兴趣问卷、两项智力测验是测试的主要内容。除此之外，受试者还需要完成一张家用物品清单的填写（例如：家用电器、望远镜、艺术珍品和《辞海》等），这样做的目的是为了判断他们成长环境的相似指数有多少；一张家庭环境量表以测量他们对养父母养育方式的感受。最后，受试者们还需要接受个人生活史、精神病学以及性生活史等三次访谈。这些测试都要求每名受试者独立完成，以此避免双胞胎之间的相互影响。

我们可以想象到，经过这么长时间的测试后一定会产生大量的信息资料。下面就让我们一起看看这些重要的结果。

下表显示了分开养育的同卵双胞胎（MZA）在某些特征上的相似性，也包含了养育在一起的同卵双胞胎（MZT）在该方面的测量结果。相似程度在表中用相关系数或相关值“R”来表示。相关系数越大，其相似程度越高。

表1显示的是分开养育的同卵双胞胎（MZA）与养育在一起的同卵双胞胎（MZT）在某些特征上的相关系数（R）的比较：

表1

特征	R(MZA)	R(MZT)	相似性 R(MZA)/R(MZT)
生理	–	–	–
脑电波活动	0.80	0.81	0.987
血压	0.64	0.70	0.914
心率	0.49	0.54	0.907
智力	–	–	–
韦氏成人智力量表	0.69	0.88	0.784
瑞文智力测验	0.78	0.76	1.030
人格	–	–	–
多维人格问卷（MPQ）	0.50	0.49	1.020
加利福尼亚人格问卷	0.48	0.49	0.979
心理兴趣	–	–	–
史特朗–康久尔兴趣问卷	0.39	0.48	0.813
明尼苏达职业兴趣量表	0.40	0.49	0.816
社会态度	–	–	–
宗教信仰	0.49	0.51	0.961
无宗教信仰社会态度	0.34	0.28	1.210

若个体的差异是由环境引起的，则在相同环境下成长起来的同卵双胞胎对比分开成长的双胞胎，在同一环境中成长的双胞胎的个体特征应更相似。就像你看到的那样，研究者得到结果并非如此。

将MZA双胞胎间每种特征的相关系数除以 MZT 双胞胎间的相关系数，将所得结果列在表 1 的最后一列，两类双胞胎在每种特征相似性上的差异就是以得出的这些结果体现的。如果两个相关系数相同，则相除以后的结果是 1.00；假如它们完全不同，所得结果会接近 0.00。好好看看表 1 中的第 4 列数据，我们不难发现 MZA和 MZT 双胞胎在每种特征上有着惊人的相似度，即其比值大多接近于 1.00，没有低于 0.70 的。

从上述的实验中我们得到了什么启发？每个人的心里有着不同的答案。

相关实验

A. 基因遗传和环境塑造性格

实验原理：遗传和环境共同塑造我们的性格。

实验主持人：英国剑桥大学及哈佛大学学者。

实验对象：豚鼠。

实验过程及结果：

剑桥大学的一些学者在1984年曾对一些经过处理的豚鼠胚胎进行实验，使一半豚鼠身上只带有雄性基因，另一半则只含有雌性基因，结果他们发现：豚鼠智力的发展好坏受雌性基因影响，而感性和情绪部分则受到雄性基因影响。

根据美国哈佛大学的部分研究表明：自制力、易感性和外向性格方面是在儿童两岁的时候发生变化的。这些专家在测试中，证明了孩子和父母之间存在某种相似性，换而言之就是存在着某种遗传基因，不过发生这样的情况也是在特定条件下产生的：这种遗传基因和孩子生长的环境是密切相关的，如果他生活在特定的家庭环境中。举例来说，假如父母某一方有神经紧张的症状，那么他们的孩子也会表现出神经质的一面；但孩子如果在远离父母的环境中成长的话，那么孩子的这种症状会有所抑制。

如同精神疾病遗传一样，气质、性格的表现能够在母体怀孕的过程中遗传。随着孩子在后天环境中的成长，他的性格变化也会受环境影响。在生活中，我们大多数人的性格是混合型，即便是性格开朗的孩子也会有内向的一面，而性格急躁的孩子也会展现出他冷静的那一面。虽然多数家长都希望自己的孩子是活泼开朗的，但事实上，任何一种性格都具有两面性，它们不能完全左右人生。

实验联想：

某位哲人曾经说过："长在骨子里的东西是怎么也去不掉的。"这就像我国的"江山易改，本性难移"这句话一样，有异曲同工之妙，都表明一部分人的性格是天生的。的确，现代科学研究表明，我们每一个人的生活中都可以看到基因的影子，例如：相貌、体态、性格以及身体健康程度都受基因影响。而"近朱者赤，近墨者黑"则说明，我们性格的发展也受后天生长环境的影响。总而言之，人类性格的塑造是受先天和后天的双重影响。

B. 攻击性可能受遗传影响

实验原理：短尾猴的社会行为受先天遗传影响更多。

实验主持人：美国芝加哥大学达里奥教授。

实验对象：恒河短尾猴。

实验过程及结果：

属于母系社会群体的恒河短尾猴中的母猴通常都会保持着像它们母亲的社会特征。学者们在此之前普遍认为，妈妈的一些习性对小母猴的社会行为发展起着至关重要的作用。两个刚刚生下不久的雌性小猴子被达里奥教授互相对调给小猴彼此的母亲，在此后的三年时间里，达里奥教授观察它们的社会行为，例如它们和小伙伴们有多少次接触，出现过几次攻击行为，然后在这些行为中找与它们母亲习性的相似处。从实验结果中发现，这些小猴儿的习性和它们"养母"相似的地方不多，很多习性更像它们的亲生母亲。比如，那些向小伙伴发出攻击的小猴儿，它们的亲生母亲也多次做出这样的举动。

实验联想：

苏彦捷是北京大学心理学系的比较心理学教授，他认为心理学界通常认为某些行为是受先天遗传的影响，而后天环境对其他的一些行为能力也起到影响作用。她认为，上述研究的结论如嫁接到别的种群上还显得不够严谨。"首先，就同物种动物的个体而言，不同水平的行为能力受遗传影响的程度

不一样。比如，美国爱默里大学的心理学家研究恒河猴和红面猴攻击与和解行为后发现，和解行为是可以学习的。其次，不同物种的同类行为的发展水平也不同，如人类的攻击行为会受到道德发展水平的影响，猴子不同。”苏彦捷教授认为，实验发现了幼短尾猴行为与性情是受先天遗传因素的影响，对人们认识进化过程中灵长类和人类的行为与性情发展的意义重大。琼·希尔克作为美国加州大学洛杉矶分校的人类学教授，他曾这样评价该实验：“人类个体之间的性情与行为习惯各不相同，而且在一生中都变化不大，这个研究支持了这个事实，但是造成人们不同的性情与行为的因素来自先天遗传还是后天环境的影响呢？比较难下定论。”

测测你自己：判断性格测试

人类的下巴与人类的动物意识有着密切的关联。一个人的下巴结实，通常代表该人有着非凡的忍耐力，自我的动物本能可以收放自如。那么，大家看看自己的下巴形状是什么样的呢？

A．纤细形　B．半月形　C．四方形　D．鼓腮形

测试结果：

A．你的才能得到大家广泛认可，建议从事技术类的工作，尤其在设计、技术工作、广告业中你会有一番作为。如果是女性的话，不妨从艺术、料理方面开始，从中让你的个人才干得到最大的释放。该类型的人，在审美判断力方面常常有着自己独到的见解，特别是在潮流的把握方向上深有心得。除此之外，你会将自己的卧室布置成自己想象中的那样，具有鲜明的个人色彩。

B．该类型的人适合从事推销、对外交涉、餐饮方面的工作，在这些领域你可以将自己的才能最大化。而且，通过工作中个人能力的展现常常会赢得上司的好感和信赖。

C．该类型的人属于管理型人才。在单位中，你的能力受到大家的普遍认可，是上司潜在培养的管理人士。该类型的人，一旦投入到工作中，对工

作展现出的热情是别人比不了的。假如是女性，那么大多是一些处世随和的人。

D. 该类型的人天生就是领导者的料。在公司里，上层领导对你的能力极为认可，你的努力程度关系到你能否顺利成为公司的“老大”。

小贴士：什么影响了我们的性格

心理学家曾做过这样的猜想，我们性格可能是受到来自父母（尤其是母亲）、朋友和基因的影响。不过这些因素尚不能完全解答所有的疑问。凯瑟琳·康乔是美国加利福尼亚大学的社会学家，她曾这样说，“我们一辈子不离不弃的伙伴就是我们的兄弟姐妹。”所以，研究兄弟姐妹之间的互动关系成为当今心理学家研究的主题，很有可能这就是影响我们性格的第四因素。

虽然科学家的研究对象大多是放在那些多子女的家庭中，但研究结果仅仅局限在孩子受出生顺序的影响——一般来说老大是奋斗者，最小的就是叛逆者，排行位列中间的是彷徨者。不过现在情况有所扭转。科学家将目光转向兄弟姐妹之间的互动关系。

1. 冲突不断教会孩子们怎样社交。

通过研究研究者发现的第一点就是，兄弟姐妹们彼此投入更多的时间，会让他们从中得到启发，进而学会一些社交技巧。孩子在11岁左右的时候，花费在兄弟姐妹们身上的时间近33%——较父母、朋友、老师而言，花费在兄弟姐妹身上的时间要比上述几类人群多得多。近段时间有学者通过研究发现，年龄稍大的未成年人每星期仍会和兄妹一起活动的时间超过10小时，虽然稍长一些的未成年人已经有了自己的生活轨迹。朝夕相处的亲密是别的感情无法代替的，当然朝夕相处也难免会出现小摩擦。劳瑞·克莱默专注于家庭研究，通过研究他发现，3～7岁的兄妹中基本上一小时内就会发生3.5次的摩擦。根据加拿大专家的一项研究表明，2～4岁年龄段的兄妹中每隔十分钟就会发生一次小冲突，这种频繁度在所有年龄段中位居榜首。孩子们的争吵常常让父母头疼不已，可是孩子们从中会学到很多东西，特别是他们通过摩擦懂得了如何化解冲突。美国匹兹堡大学的心理学家肖对此表示，“孩子们的互动产生了社交效应，跟朋友的不同之处是，你每天都要和自己的同胞朝夕相处。就是在这些朝夕相处中让孩子们学会了如何与别人相处。”

研究者始终坚信，孩子们正是通过这种“摩擦”学习，让他们发现彼此的重要价值，为孩子今后走向社会提供了重要的帮助。毕竟一个人进入群体生活后，总要和各种各样的人建立起不同的关系——如在婚姻生活和工作中。我们有时候会对自己的兄弟姐妹们发火，但事态平息后我们还是会一如既往地和平相处。也许一个小小的玩具就能化解兄弟姐妹之间产生的紧张情绪。等到你步入职场的时候，你也许会用一个小小的笑话缓解办公室内的尴尬气氛。

2. 兄弟姐妹的习惯为何会有所不同。

兄弟姐妹之间喜欢相互模仿，这已经成为公开的秘密。年龄稍大一些的孩子们的行为总是会得到年龄小一点的效仿，大孩子总是会急于挑战新鲜事物，因为他们不甘居于弟弟妹妹之后。但让情况变得更加复杂的是，在某些特殊的环境下，孩子们不再模仿彼此的行为，反而想展现出自己个性的一面。心理学家将这种现象称之为去认同化。

孩子个性的形成正是得益于这种去认同化的帮助，这种行为有一个更重要的帮助：兄弟姐妹不会去效仿彼此中的恶习。总而言之，孩子们的坏习惯不会在特定的时间段传播。

通过研究证实，那些没有染上像兄长一样恶习的弟弟妹妹，可能只是因为想展现出自己与众不同的一面。

约瑟夫·罗杰斯是美国俄克拉荷马州大学的心理学教授，他曾做过一项针对9500多名青年烟民的研究。通过研究罗杰斯发现，虽然哥哥姐姐经常会向弟妹们传播抽烟的恶习，但是年龄相仿的弟弟妹妹们会直接拒绝这一恶习。显而易见，从小的朝夕相处让他们变得太为相似。对弟弟来说，想要展现出和哥哥不同的一面，只要观察哥哥有什么行为习惯，那么只要反其道而行之就可以了。

3. 兄妹和姐弟之间去认同化的特征非常明显。

通过对未成年男孩和女孩进行的研究中发现，男孩具有独立性和竞争性特征的居多，而女孩在感性方面居多，例如乐于助人和性情敏感这两点。大家肯定不会为这些区别而感到惊讶，但让研究人员始料不及的是，当兄妹之间或是姐弟之间一起成长，朝夕相处并不能让他们显得更为相似，反而却让他们的行为特征背道而驰。心理学家对此解释说，姐弟、兄妹之间只想让自己和对方显得不一样。

可是等到他们该和异性接触的时候，对有异性同胞的孩子来说与别的家庭中异性交往更有优势。据研究表明，来自异性同胞家庭的孩子更能和家庭外的异性自然交往。有姐姐的男孩更容易接近其他女孩；有哥哥的女孩更容易让其他男生所接受。

小　结

不知道大家有没有想过：“我是一个什么样的人？”这个问题看似答案众多，但你不必深究，只需在自己的个性特征上多花点时间思考，即你的“人格特质”：你是个容易紧张还是轻松平静的人？性格内向还是开朗？勇于创新挑战还是安于现状？你的人际关系如何？对生活积极还是消极？自信还是自卑？勤奋还是懒惰？

通常我们会认为某人“性格像他老爸一样暴躁”或者“母亲遗传给他多愁善感的基因”，这仅仅说明我们人类部分的“人格特质”来自遗传。一般情况下，在每个人身上或多或少有着和父母性格的相似处。科学家们通过研究发现，如果从父母一方获得的遗传物质DNA可以确定子女的身体特征，那么他们的性格也会因此受到影响。例如，像激动、胆怯等性格特征都受基因遗传影响。

第九篇

高度由态度决定

图：《吹笛少年》马奈（1832—1883）.

——只要勇于尝试，谁都可能成为万众瞩目之人。

经典实验：灰姑娘的蜕变之路

美国哈佛大学心理学家罗森塔尔和贾可布森于1968年在一所名叫奥克的乡村小学里进行了一个“预测未来发展”的实验。他们将学校里一年级到六年级的学生叫到一个教室里，对他们做了语言能力相关的“智商测试”，测试结束后，他们选出名单中20%的学生，告诉老师们说：这些孩子的潜力是不可估量的，比起其他学生，这些孩子将更有出息，并要求老师保守这个秘密。罗森塔尔在8个月后对这所小学进行了回访调查，他惊奇地发现，当初他们挑选出的那20%的学生，如今表现出了惊人的求知欲、活泼开朗的性格以及对老师的感激之情，他们的成绩得到大幅提升！

这是真的吗？其实，罗森塔给学校老师的那份名单上，那些学生的名字是他们随手圈出来的，换言之，任何人都可能成为这些“天才”学生。

但为什么这些学生的成绩真的大幅提升了？原来，老师们相信了罗森塔尔的话，对这些孩子寄予厚望，即使这些学生在课堂上表现出接受知识慢、领悟能力差的情况，老师们依然坚信是孩子的潜能没有完全被激发出来，对此，老师们投入了更大的教学热情在这些孩子们身上，并且对这些孩子加以鼓励；孩子们因为老师的鼓励，在自信心方面也得到了增强，因此成绩也得到了大幅度的提升。这就是罗森塔尔他们想在实验中验证的“皮格马列翁”效应。

我们从这个实验中明白了这样一个道理：你对他人的期望会间接地产生巨大的效果，当我们对别人寄予厚望时，那么别人就可能朝着这个方向努力前行。同理，如果我们就像拳王阿里那样充满自信，即便是遭遇挫折，也明确地告诉自己：我的能力还没有完全发挥出来，重拾信心，像男人那样去战斗，那么你会发现“丑小鸭”也能蜕变成美丽的“白天鹅”。

相关实验

A.“意念”杀死了小白鼠

实验原理：在这个世界上，没有绝望的处境，只有对处境绝望的人。

实验主持人：美国心理学家克拉特。

实验对象：小白鼠。

实验过程及结果：

克拉特将一只小白鼠放进了一个装满水的水池中心。虽然这个水池很大，但以小白鼠的游泳能力依然可以游出来。落入水中的小白鼠没有急于游动，它一边转圈，一边发出“吱吱吱”的叫声。原来，小白鼠是在利用胡须测定方位。它的叫声传到水池边沿，声波又反射回来，这样小白鼠就会知道自己和水池边的距离是多少。只见小白鼠转了几圈后，不紧不慢地向自己预先选定的方向游去，最后顺利到达水池边沿。克拉特试验了几次，小白鼠都成功上岸。

接着，克拉特又将一只剪去胡须的小白鼠放进水池里。尽管小白鼠同样在水里转着圈，但因为没有了胡须“探测器”，自己无法收到波声。小白鼠计算不出自己和水池边的距离，所以放弃了希望。几分钟后这只被剪去胡须的小白鼠溺死在水池中。因此克拉特得出结论，动物往往会在无望的情况下强行结束自己的生命，即“意念自杀”。其实真正杀死这只小白鼠的凶手就是它自己，它是被“无论怎样努力都无法游出去”的意念“淹死”的。

实验联想：

人生在世，难免遭遇挫折和逆境。逆境也是我们生活中的一个组成部分，谁也无法逃脱。有位名人说得好：“在这个世界上，没有绝望的处境，只有对处境绝望的人。”因此，不管我们面对的困苦有多大，都不要轻易地放弃自己的雄心壮志。

B. 对自己说我可以

实验原理：你的选择，决定了你的结果。

实验主持人：美国某位行为心理学家。

实验对象：普通学生。

实验过程及结果：

心理学家将身体状况基本相同的学生分成三组，让他们用不同的投篮技巧进行训练：第一组学生坚持在20天内每天都进行投篮练习，并把第一天的成绩和最后一天的成绩记录下来。在他们进行练习的过程中，不对自己提出任何要求，顺其自然。第二组学生也记录下第一天和最后一天的成绩，但在此期间他们没有练习投篮。第三组学生记录下第一天的投篮成绩，然后他们每天花20分钟的时间进行意念投篮训练，如果在想象中他们遇到投篮不进的情况，他们会纠正自己的投篮错误动作，并对自己说：我一定能投中更多的球。结果令人吃惊：第二组因为没有进行相关训练，成绩没有任何提高；第一组的投篮成功率增加了24%；第三组则增加了46%！

实验联想：

英国的一些社会学家对上万人的成功原因进行了调查，结果显示：决定一个人成败的因素中，80%看态度；只有7%取决于运气、机遇、天赋等客观因素。基于这个答案，他们给出的结论是：态度决定一切！信念因期望而产生；态度因信念而产生；行为因态度而产生；结果因行为而产生。

测测你自己：我必须要做到

很多企业经常对员工做一些强化培训练习，在培训过程中培训师经常会教员工们做这样一个小游戏：当员工们都在聆听音乐的时候，培训师会给每个员工发一支笔和一张纸。这时，培训师在黑板上画了一个大圈，并在该圈内写出三个字：我无法……

然后，培训师对每个员工提出要求，在自己画出的圆圈中至少写出三句“我无法做到的……我无法实现的……我无法完成的……”，大声读出来，让自己和周围的同伴都听到。写好以后，员工们按照培训师的要求读了起来，有63%的人表示：这些话让我们越来越感到沮丧……伴随着苍凉的音乐，我们越发感到迷茫。

就在这时，培训师要求每个员工将“我无法”三个字划掉，换成“我不要”的形式读出来。于是，员工们又开始了：我不要……结果，大家发现自己的“我不要……”引发了很多的“我无法……”！

培训师在这个时候又要求员工们将“我不要”换成“我一定要”的形式读出来。此时此刻大家才明白了培训师的用意，他们大声地读道：

“我一定要……！我一定要……！！我一定要……！！！”

大家因为这个积极的信号越读越振奋，越读越有动力，在悠然响起的歌声里，一种想要完成自己梦想的感觉油然而生——原来我们的心态是可以修改的！

小贴士：皮格马列翁和他的幸福生活

萧伯纳是英国著名剧作家，他曾根据希腊神话故事写过一部名为《皮格马列翁》的喜剧。擅长雕刻的皮格马列翁是这个故事中的主角，虽然他贵为塞浦路斯的国王，但他因为孤僻的性格总是喜欢一个人独处。皮格马列翁平时就用雕刻来打发时间。

一个人的生活是无趣的，有一天，他突发奇想，用珍贵的象牙精心雕刻了一位风姿绰约的“姑娘”。当他完成这个作品后，他赫然发现，这不就是自己心中的女神吗？皮格马列翁居然爱上了这个出于己手的作品，并且以“加勒提亚”来命名她。

皮格马列翁每天都在抚摸着、拥抱着、亲吻着他心爱的加勒提亚，他将自己全部的心血都倾注在加勒提亚身上，幻想着有一天，能够娶她为妻。

终于，爱神维纳斯被皮格马列翁诚挚的情意所感动，这位象牙美女被维纳斯赋予鲜活的生命，皮格马列翁终于梦想成真。欣喜若狂的皮格马列翁与梦中情人结为夫妻，后来，他们的女儿帕福斯出生了，为了纪念这对传奇夫妻，塞浦路斯人民以“帕福斯”命名南部海岸的一座城市。

这就是著名的“皮格马列翁自我预言实现”的故事。

心理学家威廉·詹姆斯说过：人性最深切的渴望就是获得他人的赞赏，这是人类有别于动物的地方。来自老师、父母的鼓励、爱和期望，会使我们变得更加自尊、自爱、自信、自强，从而获得异乎寻常的进步。

你身边的人经常鼓励和赞扬你吗？如果少有的话，那就从自己做起吧。

小　结

拳王阿里在每次上场比赛前，都会对镜子里的自己大声呐喊：“我是最棒的！我可以击败任何对手，因为我是最棒的！”当时，别人都认为阿里疯了，更有甚者认为阿里就是一个不折不扣的疯子。但是，阿里用自己不断的胜利对人们的嘲笑予以还击，最终成功登上了拳王的宝座。

其实，在每个人心里都有两扇叫“我能行”和“我不行”的大门。在“我能行”大门中的人，个个都充满了自信，对自己期望的事物总是跃跃欲试，他们不畏困难，总是能微笑前行，最终到达梦想的彼岸；在“我不行”大门中的人，个个垂头丧气，一旦遭遇挫折，他们就认为自己跌入了万丈深渊，永无翻身之日。

让我们向拳王阿里学习，做自己生活中所向披靡的王者，相信自己一定可以，一定能行。其实，你没有必要把事情想得那么难，只要你说“行”，你就一定能行！

第十篇

开发创造性思维

国 蠊 刚速亘归《籍廿朕培罕·南纲罕茸霂1475—1564龇

——一切创造源于人类的开始，而随着社会的发展，又会有什么创新性思维呢？

经典实验：火柴盒的“大作用”

任何东西都有自己的用处。好比，画画时我们需要笔和纸，唱歌时我们需要麦克风……但是，如果我们对这些东西仅仅局限于“正规”的用途，看不出它还有别的作用，这时就该说，我们的思想被束缚了。功用固定性指的就是：一个人知道物品一种用处，而看不出其他功用。

邓克尔是德国著名心理学家，他通过“蜡烛问题”的实验证实了功能固着对问题解决的影响。这个实验是让两组被试者解决相同的问题，但是设置问题的方式不同。

一盒火柴、一盒图钉和一盒蜡烛是该实验要用的材料。受试者被要求在屏风上竖放一支蜡烛并点燃，用以照明。解决这个问题的办法是：用火柴将蜡烛底部熔化粘在一只纸盒上，再用图钉把纸盒固定在屏风上。但大半受试者不能在规定时间内完成该任务，因为他们只看到了盒子装东西的功用，却没有看到它还可以做支撑物之用。另外一些受试者，邓克尔对他们作了不同的布置。他预先将火柴、蜡烛、图钉从纸盒中倒出来，并把它们一起摆放在桌子上，目的是让受试者不再受到“盒子是装东西的”的心理影响，结果表明，这些受试者大多都能顺利解决问题。

那么，为什么会出现不同的结果呢？邓克尔解释道：两组受试者面临的情况只有一点区别，即火柴盒里装了东西和火柴盒里没装东西。因此可以推断，正是这个区别造成了两种结果。显然，受试者们看到装了东西的火柴盒后，很容易受到功用固定性的心理影响，从而看不到火柴盒别的作用。而受试者看到没有装东西的火柴盒后，很容易会想到空火柴盒还有别的功用。

我们从火柴盒变烛台的故事中得到了什么启发？想要解决问题并开发创造性，就必须扫除功用固定性对我们的影响。

相关实验

A. 单刃改双刃

实验原理：当你忽视身边的一些小事时，说不定你就错过了一个伟大的发明。

实验主持人：湖北沙市第二中学一年（4）班雷霆（12岁）。

实验对象：卷笔刀。

实验过程及结果：

雷霆同学在读小学期间用掉了二十多个卷笔刀，他的同学有的比他用掉的还多！他发现市场上的卷笔刀多种多样，但里面的刀片却是一样的。卷笔刀内的刀片容易变钝，卷笔刀钝了还不能换刀片，只好把卷笔刀扔掉。于是雷霆同学建议将刀片改为双刃刀片。

实验联想：

你是不是觉得这只是个小小的创意？那我们算算，全国大概有一亿小学生，将单刃改为双刃的话，每年可以节约两亿多块刀片。哦，原来大智慧就蕴藏在这些小创意里面。开放创造性思维，我们要从小地方做起。

B. 药方的多种用处

实验原理：有时候，我们不妨换个身份看问题。

实验主持人：庄子，典出《庄子·内篇·逍遥游》

实验过程及结果：

宋国有个善于炮制防止冻裂手药的人，他的家族靠着这个家传秘方，世世代代以漂洗丝絮为业，但他们的生活依然很贫困。有位外乡人听说他家有不龟手之药的秘方，愿以千金换之。秘方的主人心动了。但想到这是家传秘方，就这么卖出去有点对不起老祖宗，所以他召集家庭成员商讨此事。大家七嘴八舌议论纷纷，最后总算统一了思想：祖祖辈辈以漂洗丝絮为生，收入太少，今天用这药方换这么多钱，为什么不干呢？于是秘方主人将秘方卖给了外乡人。外乡人获得秘方后立即赶往吴国，见到吴王后，他对吴王说，以后在寒冬打仗的时候，再也不用担心将士们的手被冻了。不久，越军侵犯吴境，边境告急，吴王便委任这个外乡人为援军统帅。两军交战之际正值寒冬，而且两军还是在水上交战。由于吴军将士有了防冻手的药，战斗力提升了好几倍，越军因此战力大打折扣，被吴军所败。班师回朝后，吴王大喜过望，不仅给这个外乡人加官晋爵，并且给了他一处封地。

实验联想：

这个不龟手之药，宋人将它用作漂洗丝絮之用，结果依然改变不了贫困的命运；而吴人用以作战，起到了保家卫国的作用。由此可见，同样一个事物，发挥其不同的功用，收到的效果也不一样。

测测你自己：曲别针的用途有很多

心有多大，舞台就有多大！就让我们做个测试，看看你的思维到底是发散的还是封闭的。请你说出曲别针有多少种用途——10种？还是50种？

1983年，在广西南宁召开全国创造学首届学术研讨会。日本专家村上幸雄从日本赶来，进行了为期三天的授课，大家都觉得这位日本专家讲得很有魅力，挺新奇。

在此期间，村上幸雄拿出一枚曲别针，请在座各位说说曲别针到底有多少种用途，以此来看看大家思维的发散程度。大家众说纷纭，有人说最多六十种，村上对此表示称道。这时有人向这位日本专家提问，问他能说出曲别针有多少种用途。村上听完一笑，伸出3个指头。“30种？”村上摇头，“300种？”村上点头，对此大多数人对这位日本专家产生了怀疑态度。

于是村上当着大家的面说出了这300种不同的用途。正当大家对这位日本专家投来叹服的眼光时，我国“思维魔王”许国泰先生站起来说：“我能说出曲别针3万种用途。”此言一出，大家都觉得许国泰先生是在吹牛。

许国泰先生走上讲台上对大家说："刚才村上先生讲的可以用'钩、挂、别、连'这四个字来概括，这样的思维还是存在着局限性，那怎样才能突破这种局限性呢，最好的办法就是借助于简单的形式思维工具——信息标和信息反应场。"接着许先生用重量、体积、长度、截面、弹性、直线、银白色等10多个要素做了一个信息表，再用一根标线将这些信息连起来，形成一个信息标，然后，把与人类实践活动有关的要素联系起来，最后形成信息反应场。他将信息反应场的坐标不停地组合交切，这时，一枚普通的曲别针变幻出无穷的用途。

通过坐标推出一系列曲别针在数学中的用途，如把曲别针分别做成0，1，2，3，…，9，再做成+、-、×、/，用来进行四则运算；可以用作音乐上的乐谱；可以做外语中的字母；可以将它做成指南针；有导电的作用；曲别针是由铁元素构成的，铁与铜化合是青铜，与不同比例的几十种金属元素分别化合，则能生成成千上万种化合物……

经过对科学思维作了深入研究的许国泰才能提出上述科学的思维方法。他将这个方法称之为"全息思维魔球"，这"魔球"还有一个别名"信息交合论"——他说这个"信息交合论"是"立体的、多侧面的，是成体系的，超前人的"。许国泰不仅用这种思维方法将曲别针演变出成千上万种新用途，而且将这种方法运用到写作领域，因而衍生出"快速构思法"，也因此发表了很多文学作品。

从许国泰的事例中我们得出这样一个结论：把事物的不同属性相联系，联想的范围就会无限扩大，思维的发散程度就会得到大大的提升。

小贴士：心理受功能所固

一个人看到一种事物的常用功能后，便很难联想到其他新用途：如果初次看到该事物最重要的功用，该事物其他的用途更难被发现。为什么我们会被这种功能禁锢性的心理所影响呢？

一个人对物体的熟悉程度越大，就越难发现该物体别的功用。例如：女生认为发卡就是用来卡头发的，但她们不会想到发卡还能用来拧螺丝；裁缝认为尺子是用来测量的，但他们不会想到尺子还可以做教学工具和教鞭。心理受功能所固的消极影响是十分巨大的，因此我们一定要消除其消极影响。

消除功能固着的消极影响对我们认识物体的新用途有着重要的帮助，也让我们的思路变得更加敏捷和灵活。

有一次，德国化学家李比希去英国一家工厂参观绘画颜料“柏林蓝”的配制过程。制作工序是这样的：工人们先把动物的血和皮用药水煮，调制成原料，然后把原料放进铁锅里再煮，并长时间用铁棍搅拌。李比希对配制颜料的工序感到很奇怪，一个工头向他解释道：“用铁棍搅拌原料的时间越长，声音越大，‘柏林蓝’的质量就越好。”李比希笑道：“不用费这样一番周折，只要加点含铁的化合物在‘柏林蓝’原料里就行了。用铁棍在铁锅里搅拌使劲磨蹭，无非是把锅上的铁屑蹭下来，使它与原料化合成‘柏林蓝’，这样做太麻烦了！”

小 结

我国著名教育家陶行知先生说得好：“处处是创造之地，天天是创造之时，人人是创造之人。”但创造和知识两者有着本质的不同，我们可以通过反复背诵和别人的传授获得知识，而创造性只能靠培养。因此，每个人都有创造性，但每个人的创造性又参差不齐，关键在于培养。

说到诺贝尔，我们情不自禁就会想到美国朗讯公司的贝尔实验室，因为那里培养出11位诺贝尔奖获得者，改变世界的十大发明也因此而生。进入贝尔实验室工作是很多理工科毕业生梦寐以求的。作为世界一流的研发机构，贝尔实验室有什么魔力呢？去过贝尔实验室的人都曾看到这样一句话：“有时需要离开常走的大道，潜入森林，你就肯定会发现前所未有的东西。”

那么，让我们开始潜入“森林”，去发现别人没有见到过的新鲜事物吧，这时，你就可以欢呼：“啊，是我最先找到的这片新天地，大家都来看吧！”

第十一篇

不要被“完美”迷惑

图：《断臂的维纳斯》作者未知

——原来，完美和残缺是天生一对。

经典实验：有点瑕疵更可爱

某心理学教授曾做过这样一个试验，他为受试者分别放映了四段有情节的访谈录像看：

第一段录像里的访谈对象是一位成功人士，他在访谈中表现得大方得体，谈吐不俗，其间看不到一点羞涩的表情，更体现出他超强的自信心，台下的观众们时不时对他的发言报以热烈的掌声。

第二段录像里的访谈对象是位非常优秀的人士，不过他在访谈中表现出略带羞涩和紧张的一面，其间他紧张到居然打翻了桌上的咖啡，还把主持人的裤子淋湿了。

第三段录像里的访谈对象是个非常普通的人，在整个采访过程中，他的表现中规中矩，没有什么出彩的地方。

第四段录像里的访谈对象也是个很普通的人，在整个访谈过程中，他也表现得很紧张，甚至打翻了咖啡，弄湿了主持人的衣服。

当录像播完后，教授要求受试者们选出一位自己最喜欢的访谈对象，与此同时也要选出一位最不喜欢的。测试结果让教授感到有些意外，受试者们最不喜欢第四段录像中的那位访谈对象，更奇怪的是，测试者们没有选择谈吐不凡的第一位作为自己最喜欢的访谈对象，而是选择了第二段录像里打翻咖啡的那位。

但教授的另一个理论也因为这个实验而得到验证：对于那些成功人士而言，即便是他们有些小失误，例如像打翻咖啡这样的举动，不但不会影响人们对他的好感，相反，还会让人们觉得这个人很真实；而如果一个人表现得完美无缺，人们看不到他的缺点，反而觉得这个人不可信任，因为这世上不存在完美无缺的人，尽管你表现得完美无缺，但别人会因此而降低对你的信任度，因为你显得不够真实。

所以，有失误并不可怕，因为这是人之常情，这也表现出人真实的那一面。

相关实验

A. 完美男人不招待见

实验原理：和完美相比，真实更为可爱。

实验主持人：英国中央兰开夏大学研究人员。

实验对象：普通女大学生。

实验过程及结果：

英国中央兰开夏大学研究人员做了这样一项调查：200名女大学生是他们此次调查的受试者，这些女大学生平均年龄在23岁左右，研究人员对这200名女大学生提供了60名征婚男子的个人广告。这些征婚者大多在25～30岁，广告里包括了男人的年龄、职业、照片等信息。研究人员将这些征婚者分为“极有吸引力”“有吸引力”和“没有吸引力”三类，职业分别是公司主管、建筑师、教师、邮差、园丁及服务生等。研究人员让这200名受试者选出自己愿意交往的对象。调查结果表明，黄金单身汉们并没有人们想象中的那样受青睐，反而这些女大学生更喜欢那些相貌出众但事业一般的征婚者。在进一步调查后研究人员还发现，女性认为太完美的男人很难保持专情的状态，因为他们自身条件优越，她们认为这类男子容易有外遇，他们也没有时间陪着家人。

实验联想：

可见女人们心中的最爱不一定是那些英俊潇洒的钻石男。在传统婚姻模式中，女性还是希望自己能够得到稳定婚姻生活，“走马观花”式的婚姻不是她们所追求的。她们宁愿自己的男人事业一般，也不希望自己的婚姻生活亮起红灯。

B. 完美的背后是健康隐患

实验原理：过犹不及。

实验主持人：瑞士苏黎世大学研究人员。

实验对象：50名中年男子。

实验过程及结果：

瑞士苏黎世大学研究人员对50名中年男子做了一项这样的测验。研究者先以问卷形式测定他们的完美度倾向，然后要求他们用10分钟时间准备一次面对2～3名“考官”的面试。面试过后，研究人员要求这些受试者从2083开始，每隔12个数字向下数一个数字，直到倒数至0。在这个倒数的过程中，只要说错一次就得重新开始测试。研究人员在测试过程中测量了这50人唾液中的应激激素皮质醇含量、心律、血压以及肾上腺素和降肾上腺素水平。结果显示，越是想表现出完美的人，他唾液中分泌的应激激素越多，这就说明这个人的心理压力很大。越是想表现得完美，“生机衰竭”迹象就越有可能出现在测试过程中，而“生机衰竭”也容易诱发心脏病。

实验联想：

健康隐患是伴随着完美主义者的心理压力而来的。完美主义者的处世哲学就是处处追求完美，假如事态向接近完美这一方向发展，无疑他们的自信心也会得到增强，反之的话，则会给他们带来巨大的压力，更有甚者会因压力过大引发多种疾病。

测测你自己：你属于完美主义者吗

1. 在做好一件事情前，你常常会产生什么念头：

A. 我做不好的话，家人会对我失望。

B. 做就做呗，管那么多干吗。

2. 你因为什么喜欢自己：

A. 人人都喜欢我，因为我很优秀。

B. 喜欢自己没有理由。

3. 好朋友约会迟到了，你可能会：

A. 心中埋怨并出语伤人。

B. 即便有点生气，也会很关切地先询问原因。

4. 如果让你回忆曾经的过失，你会：

A. 神色黯然，伤心往事一幕幕重现。

B. 早就淡忘了，以后尽量少犯错吧。

5. 与朋友一道出行，朋友说有近路，你的决定是：

A. 既然不甚了解，那就保险起见，按老路走。

B. 有近路当然要试试了。

测试结果：数数你选了几个A？

0～1个：你是个现实主义者，不会过多苛求自己。你是脚踏实地的人，也是一个快乐的人，你会因为自己的每一次进步而感到喜悦，不会因别人的称赞而喜欢自己，自己喜欢自己没什么理由。

2～4个：你是一个轻度完美主义者。你尽力让每件工作接近完美。虽然会有瑕疵，但是通过自己努力换来的成绩，还是值得高兴哦。

5个：你是个不折不扣的完美主义者。完美带给你的痛苦多于快乐，所以请适度调整你对完美的追求，有时候也得寻求别人的帮助。

小贴士：最完美的是“断臂维纳斯”

1820年2月，自从“断臂维纳斯”在爱琴海米罗斯岛上被发现的那天起，就被人们奉为最完美的希腊女性雕像。几百年来，人们毫不吝惜对“维纳斯”的赞美之词。身材端庄秀丽的维纳斯肌肤丰腴，美丽的面容，挺直的鼻梁，平坦的前额和丰满的下巴体现出希腊雕塑艺术鼎盛时期沿袭下来的光荣传统。她那微转的姿态和半裸的身体表现出旋律感，巨大的魅力也由内而外地散发出来。

但维纳斯雕像美中不足的是那双断臂，于是，艺术家、历史学家们将修复爱神双臂奉为最神秘也最感兴趣的课题。总结起来，不外乎以下几套方案：左手拿苹果，右手挽衣服；双手捧着胜利花环；右手捧鸽子，左手的苹果任右手中的和平鸽啄食；右手挽住衣服，左手握着一束头发，正待入浴……但是，一套方案就会产生一种反驳的观点。最终专家们一致认为，保持美中不足才是最完美的“维纳斯”！也正是因为双臂的残缺才能引发人们对“维纳斯”更美好的想象。

小　结

让我们看看下面这个故事：

一个农夫有两只木桶，一只木桶很完整，另外一只木桶有一条裂缝。农夫每次去挑水，完整的木桶总会满载而归，而有裂缝的木桶总是只能带回来半桶水。有裂缝的木桶也因此感到自卑。某次，这只有裂缝的木桶在小溪边对主人说：“因为我不能满载而归，我觉得我很对不起您。”农夫惊讶地说：“那你有没有注意到我们每次回家时，路边的鲜花呢？正是因为你的裂缝洒出去的水，滋润了它们，浇灌了它们，才能让它们盛开得如此娇艳，也让我欣赏了沿途的美景，挑水也变得不再单调了。”

裂缝的木桶听主人说完后很感动，它明白了，原来自己眼中的缺点在别人看来未必就是缺点，也有可能就是优点。我们每一个人都是独一无二的，世界才会因为我们的存在而变得美丽，如果大家都变得完美无缺，毫无对比的世界该有多么枯燥乏味？人各有长短，我们要善于发挥我们的长处，但是有时候有短处也是正常的，从不同的角度来看我们的缺点也有可能成为别人眼中的优点。

第十二篇 学会自我调控

图：《惊马》斯塔布斯（1724—1806）

——我们每个人心里都有一匹马，关键是，该放的时候要能放，该收的时候要能收。

经典实验：多等20分钟，你愿意吗

有这样一个经典的实验在心理学界被称为“延迟满足”实验。受试者是一些4岁左右的小孩子，研究人员给这些小孩子每人一颗非常好吃的软糖，同时告诉孩子们：如果马上吃，只能吃一颗；如果多等20分钟再吃，就再多给他们一颗糖吃。有些孩子太过着急，马上把糖吃掉了。而另一些孩子却耐住性子，等了20分钟。在此期间他们不是闭眼不看糖块，就是做点别的事情转移自己的注意力，最后，他们吃到了两颗糖。其实，任何孩子都将在软糖面前接受考验。分析孩子承受延迟满足的能力是这个实验的主要目的，所谓的延迟满足，就是愿意花费多一些时间等待自己需要的东西的到来。

当这些孩子到了上中学的年龄时，就会表现出更明显的差异。通过对这些孩子的父母及教师的访查后发现，耐得住性子的孩子适应性更强，他们富有冒险精神，且人见人爱，也很自信，是典型的独立少年；而那些耐不住性子的孩子则更可能变成孤僻、易受挫、固执的少年，他们往往在遭遇挫折后一蹶不振。

研究人员在此后的十几年间，继续追踪着当年那些孩子成长后的表现，研究发现，那些耐得住性子的孩子更容易成功，他们出色的学习成绩就印证了这一点。在后续的追踪过程中，研究人员发现这类孩子在所从事的领域有着不俗的表现。

实验证明：个体在没有外界监督的情况下，表现出适当控制和调节的行为，抑制冲动，抵制诱惑，延迟满足，坚持不懈地保证目标实现的能力称之为自我控制能力。这种能力是自我意识的重要组成部分，这种能力有助于一个人走向成功。

相关实验

A. 野马因暴怒致死

实验原理：中医有言：怒伤肝。

实验主持人：吸血蝙蝠。

实验对象：野马。

实验过程及结果：

吸血蝙蝠在非洲草原上是一种不起眼的动物。它身体虽小，但很多动物的天敌就是它，就连体积超出它百倍的野马也常常成为它口中的牺牲品。这种蝙蝠嗜血而生，它常常依附在马腿上，用锋利的牙齿攻击马腿，马腿被它的嘴撕裂后，它就开始了疯狂的嗜血之旅。无论野马做出怎样的努力，也无法摆脱吸血蝙蝠，直到蝙蝠吸饱吸足后才会满意地飞去。而野马常常在流血不止和暴怒中死去。在分析这一问题时，动物学家们一致认为吸血蝙蝠吸的血不足以置野马于死地，野马暴怒的性格才是致它死亡的罪魁祸首。

实验联想：

暴怒导致野马死亡，人因愤怒失去理智，不管面对什么事情，唯有冷静才能让我们更好地保护自己。

B. 征服珠穆朗玛是这样的

实验原理：掌握自己是至关重要的。

实验主持人：埃德蒙·希拉里。

实验对象：埃德蒙·希拉里。

实验过程：

埂徵蒗·师拈释霂Edmund Percival Hillary龁昭第(十)但戏办往朋珞稿朕玖峰的新西兰人，他曾这样说：“如果连自己都不能很好地调控，何谈激发体内蕴藏的潜能，你的人生也将因此而难以改变。”可想而知登上世界第一峰的过程是有多么困难。在他之前，有很多登山者都失败了，更有甚者在这过程中丢了性命，但是，希拉里成功了。当记者问他征服世界第一峰的秘诀是什么时，希拉里回答道："征服了自己，才能去征服其他。"

实验联想：

我们称埃德蒙·希拉里这种优秀的品质为意志力、自制力，其实，我们也可以达到埃德蒙·希拉里这样的境界，我们可以从一些自己曾经认为不可能的小事开始，在"磨炼法则"的作用下，通过不断的磨炼，使自己的自制力得到真正的增强。也只有通过反复不间断的训练，才能让我们变得更加从容不迫，形成一种习惯就是间接地培养自制力。

测测你自己：你自制力的程度是多少

1. 你喜欢在站立的时候手抱双肩？

   A. 喜欢　　　B. 不喜欢

2. 你喜欢咬手指头吗？

   A. 有　　　B. 没有

3. 你是否总是在开会时喜欢不断变换坐姿，以求坐得更舒服吗？

   A. 是　　　B. 不是

4. 你在开会时是否总是握着一支香烟？

   A. 是　　　B. 不是

5. 你喜欢在站立的时候双手背后吗？

   A. 是　　　B. 不是

6. 当你和别人交谈或是在倾听别人说话时，你喜欢手指在桌面动来动去吗？

   A. 是　　　B. 不是

7. 当你出糗的时候，是否特别在意别人对你感觉？

   A. 是　　　B. 不是

8. 当你看到别人紧握双拳时，你是否会感到害怕？

A．怕　　　　B．不怕

9．你是否总是在宴会上和自己熟悉的朋友聊天？

A．是　　　　B．不是

10．当你谈话时：

A．你总是抑扬顿挫，眉飞色舞，手舞足蹈。

B．你感到有些紧张。

C．你把手轻轻地放在衣兜里。

测试结果：

在1～9题中，肯定回答得1分。第10题回答A得2分，B得1分，C得 0分。

A．0～3分：不论遇到什么情况，你都表现出沉着、冷静的一面。从中看出你是一个沉着老练、极其自信、临危不乱、自制力很强的人。你能成功正是因为这种特质。

B．4～7分：表面上你表现得处乱不惊，但内心常常失去平静，高兴时，你就会毫无节制地夸夸其谈；不高兴时，你则会一言不发。你应该学习自我控制。

C．8～10分：你是一个不冷静的人，因此你必须主动积极。也许你对你的小毛病不以为然，但在别人眼里却很刺眼。所以你必须学会克制自己。

小贴士：如何提高自制力

增进生理和心理健康，自制力有着不可忽视的作用。不能控制自己情绪和行为的人，身心都不会健康的。想要提高自制力，可以通过以下方法得到增强。

转移注意法：在遇到不好的事情时，可以干点别的事情，将自己的注意力转移。如俄国著名作家屠格涅夫劝人在吵架将要发生时，必须把舌头在嘴里转上10个圈。

心理暗示法：如林则徐用“制怒”条幅自控；苏轼以“忍小忿而就大谋”的词句自勉，以使自己在遇到负面刺激时，保持良好的心境。

回避刺激法：当遇到别人恶意刺激，自己感觉已经不能控制的时候，应竭力回避，以此避免发生肢体冲突。

合理发泄法：在情绪波动的时候，画画和听音乐可以很好地宣泄自己的情绪。

积极补偿法：遇到让你愤怒的人和事，去做你喜欢做的事，让你的注意力全部投入。

反其道而行法：做自己不想做的事，故意和自己对着干。

自尊、自爱、自重的表现正是通过自制力这种意志力表现出来的，自制力会让我们遇事选择最佳方案，会让自己选择正确的道路继续前进。

小　结

也许下面这个实验和上述内容有重复之嫌，但这关系到我们的下一代和中国的未来。

假如在你孩子面前有两盘巧克力，一盘里的巧克力多，而另一盘少。当你忍耐15分钟后，你就可以吃那盘多的巧克力，反之则只能得到少的那盘。你的孩子会做出怎样的选择呢？

屈斯克利是澳大利亚心理专家，他曾对儿童自制力做了一个上述的实验。在某次国际心理大会上，屈斯克利说，只有20%的中国孩子选择等待，而多达66%的澳大利亚孩子会选择等待。从中我们不难看出：中国孩子的耐性较澳大利亚孩子而言差了很多。

从1997年开始，屈斯克利和辽宁师范大学合作进行这项名为“儿童自我延迟满足”的实验。这项实验的目的是为了观察人们为了长远利益放弃短期利益，这种表现是自制力的重要组成部分。3～4岁的中国儿童在该项实验中，表现出耐性差的一面，等不了几分钟就要吃巧克力。

不知道你看完这些后有何感想？作为父母有什么想法？但愿中国父母读完这个故事后对孩子少一分溺爱，对他们多一分教育和对自制力的培养。

第十三篇 做人要有主见

图：《苹果与橘子》塞尚（1839—1906）

——苏格拉底的“苹果”是躁动的，塞尚的不是，塞尚永远是真实而冷静的。

经典实验：“苦命”的毛毛虫

法国著名心理学家法伯曾对毛毛虫喜欢尾随的这一习惯做过一个实验。

许多毛毛虫被法伯以首尾相连的形式放在一个花盆的边缘上，这么多的毛毛虫在花盆的边缘围成了一圈，除此之外，法伯将毛毛虫最喜欢吃的松针放在距离花盆周围15厘米的地方。“跟随他人”是毛毛虫与生俱来就有的习性，因此它们开始了后者跟随前者的游戏，绕着花盆边缘没完没了地转着。时间慢慢过去，一分钟、一小时、一天……这些毛毛虫在连续转了七天七夜后，终因筋疲力尽而亡。其实，只要有一只毛毛虫能打破这一习惯，其他毛毛虫也会纷纷效仿，进而避免这一悲剧的发生。

法伯做实验之前曾想过：毛毛虫转几圈后就会感到厌烦，从而停止转圈去寻找食物，遗憾的是法伯期待的结局并没有发生。毛毛虫的盲从性导致了这出悲剧的发生，换而言之毛毛虫是不折不扣的经验主义者。正是因为经验主义让它们丢掉了性命。

后来，科学家将这种跟随的习惯称为“毛毛虫效应”。其实我们很多人就是现实生活中的“毛毛虫”，不是吗？

相关实验

A. 好感也会盲从

实验原理：人是社会动物，处在社会中，我们不可能不被影响。

实验主持人：英国阿伯丁大学心理学家本·琼斯教授。

实验对象：一组普通女性和一组普通男性。

实验过程及结果：

末·琶断昭苯固阽伫一夥拏皂徽琅拏敖掇鲊仕咋砒穴呗仫讽讠乾还栳(十)个心理实验，主要检验别人的评价是否会影响到普通人对异性的好感。

实验程序是这样的：研究人员首先要求一名女性从两张异性的照片中挑出一张自己最喜欢的，并让她说出选这个人的理由。经过第一轮的选择后，研究人员对她展现了第二组幻灯片，幻灯片中出现异性的面孔和她在第一轮中看到的一样，但略有不同的是，还有一名微笑的女子看着其中一位男子，而另一张幻灯片中女子则表现出一副厌恶男性的表情。看完第二组幻灯片，研究人员让这名女子重新作出选择。同样，研究人员还对另外一组男性进行了同样的实验：也是给他们看了几张男人的照片，结果发现男性做出选择恰恰和女性相反。研究人员因此得出结论：女性看过幻灯片后，容易对那张照片里女性微笑面对的男性产生好感，显然她们受到了照片中女性对男性的态度的影响，这恰恰也说明了女性心理的普遍认同感。至于那些男性为什么会讨厌那张照片中女性笑对的男性，研究者人员推测这很可能是同性之间产生的嫉妒心理所造成的。

实验联想：

本·琼斯这样评价这个实验："通常我们认为对别人的好感是自己的抉择，但我们根据调查发现，自己是否对别人产生好感，常常会受到别人对该人态度的影响。换而言之，我们对别人是否产生好感有时候也会盲从他人的评价。"

实验证明，当一个人被一名异性的美所吸引，那么别的同性也会因此受到积极的影响，随即也对这名异性产生好感，但在这名异性的同性心中则会产生负面效应。

B. 所罗门实验

实验原理：做一个独立自主的人很容易却也很难，关键是——坚持。

实验主持人：美国学者所罗门·阿希。

实验对象：大学生。

实验过程及结果：

人究竟会在多大程度上受到周围人的影响，并因此而做出一些错误的选择呢？所罗门因此找来一些自愿参加测试的大学生，告诉他们这仅仅是个研究人视觉的实验。当一个大学生走进实验室时，他发现实验室里面已经有五个人，按照次序他只能坐在第六的位置上，在每个座位后都放着一张画着三条直线的卡片。所罗门接着拿出一张只有一条直线的卡片，然后让大家和之前那张卡片相比较，看看哪条直线和所罗门手中卡片中的直线一样长。正常情况下，人很容易分辨出哪条线是相等的，因为三条线的长度明显不一。受试者对这个“直线长度”的判断一共进行了18次。然而，这其间只出现过两次正确的判断，在此后的16次判断里，他们异口同声说出了错误的答案。许多大学生都对此感到迷惑，是坚信自己的判断，还是跟随别人的答案呢？结果发现，多数人都存在从众倾向，唯一区别就是程度深浅罢了。但从总体结果中发现，平均有33%的人的判断存在从众倾向，有76%的人至少做了一次从众的判断，但是在正常情况下，人们做出错误判断的可能性仅仅为1%。

实验联想：

其实，所罗门早就和先在实验室里的五个人串通好了，为的就是迷惑第六个来参加测试的大学生，结果正中所罗门下怀，实验表明，一个人的判断力很容易受到别人的影响进而对自己判断和选择产生怀疑，随后改变自己的选择，尽量做到和别人一致。那些从不盲从的人，要么对自己的判断信心十足，很少受到别人的影响；要么就是担心自己的能力不能得到体现，所以处处表现出自己与众不同的一面。那些盲从者很容易分清是非，但屈于多数人压力而改变自己的选择（因为大多数人的答案使他感到自己的答案是错误的）。

测测你自己：测测你的自主性

究竟有没有衡量一个人是否独立的标准？一般来说，独立的人能够自己完成工作、做出判断；而一个人依赖性太强，为了博取别人的好感，盲目跟从，放下自己的意见和抉择。通过下面这组测试，看看你的自主性究竟如何。

1. 对课外实践活动报名，你一般怎么做？

A. 觉得合适才报名 B. 看报名人数做决定 C. 不确定

2. 在接受困难任务时，你的感觉是什么？

A. 有信心完成 B. 不确定 C. 希望得到帮助和指导

3. 你希望把你的家庭设计成什么样子？

A. 拥有自身活动和娱乐的个人世界

B. 邻里朋友交往活动的一部分 C. A和B之间

4. 你解决问题的方式，多借助于什么？

A. 个人独立思考 B. 和别人展开讨论 C. A和B之间

5. 你和异性朋友的交往怎样？

A. 比别人少 B. 较多 C. A和B之间

6. 在社团活动中你是否是一个活跃的分子？

A. 不是的 B. 是的 C. A和B之间

7. 当人们指责你古怪不正常时，你的反应是怎样？

A. 觉得无所谓 B. 有些生气 C. 非常气恼

8. 到一个新城市找地址，你一般会怎么做？

A. 向人问路 B. 自己看市区地图 C. A和B之间

9. 在某项活动中，你是否喜欢独立筹划而不愿受人干涉？

A. 是的 B. 不是的 C. A和B之间

10. 你的学习多依赖于什么?

A. 阅读书刊　　B. 参加集体讨论　　C. A和B之间

评分：选A得2分，选B得1分，选C得0分。

测试结果：

13～18分：你是一个当机立断、自强不息的人。你能够给自己做主，独立完成工作，一般你不会轻易受到别人的影响，不会盲目从众。同时，你不喜欢控制和支配别人，不嫌弃人，也不会主动去博取别人的好感。

9～12分：一般情况下，你能够独立完成工作，面对问题自己能够做出决断，但问题难度一旦提高，你往往举棋不定，需要寻求别人的帮助。

0～8分：你是个依赖感极强的人，并且经常盲目从众。你不喜欢独立完成工作，喜欢随大流。为了博取别人的好感，常常放弃自己的主见，盲目附和别人。因为你的自信心源于别人对你的好感，你一旦丧失别人对你好感，你就会信心全无。你需要多多培养自己的自主性。

小贴士：苏格拉底的“苹果”

苏格拉底依旧穿着他那件皱皱巴巴的短袍，慢慢悠悠地走在雅典广场上，逛累了，他随便找了个地方坐下来歇歇脚。对于时局的动荡不安他居然能做到充耳不闻，也不对此作出任何评论，围绕在他身边的既有柏拉图和亚西比德那样的“富二代”，也有安提西尼那样的穷困潦倒之人，还有无政府主义者亚里斯卜提那样的人。他们都希望从导师苏格拉底那里寻找到洒脱的答案。

苏格拉底常常给这些弟子们出题，但很少能得到满意的答案。很快，他发现弟子们的依赖感太强，过于依附自己的思想，他们自己毫无主见可言。某日，苏格拉底和弟子们聚在一起，他从皱巴巴的短袍里面掏出了一个苹果。他拿着苹果对眼前的这些弟子们说：“我刚从果园里摘了一个苹果，你们说说它的味道如何。”弟子们纷纷来到苏格拉底面前，嗅了嗅那个“刚刚摘下来的苹果”。几十个弟子异口同声地回答道：好香啊！苏格拉底来到柏拉图面前，示意柏拉图来回答他的问题。柏拉图看了看其他同学，然后慢慢地说：“老师，我没闻到什么味。”

同学们都对此感到十分诧异：怎么可能闻不到味道呢？一只熟透的苹果怎么会散发不出香味呢？柏拉图平时不是挺聪明嘛，今儿怎么了？苏格拉底看了看柏拉图，笑着对其他人说：“你们的答案都错了，只有柏拉图的答案正确。”

弟子们都对此产生了疑问。苏格拉底随后道出了其中的原委，那居然是一个蜡做的苹果！可弟子们又产生了疑问：刚才我明明嗅到了苹果的香味嘛！

苏格拉底对弟子们说：“永远不要因为别人的舆论下结论，要相信自己的直觉，不要盲目跟从别人的意见。我说这个苹果是我刚从果园里摘下的，那为什么你们不辨下真伪呢？不要被经验所迷惑，不要认为多数人认同的就一定是正确的。只有产生了怀疑，才会诞生属于自己的哲学和思想。”

小 结

你渴望得到别人对你的认可和尊重，你骨子里有强烈的自我批判倾向，你蕴藏着巨大的潜能，但是没有完全将它们激发出来，同时你自身也存在一些缺点，不过你可以克服这些缺点。和异性交往，你觉得有些困难，尽管表面看上去你显得从容不迫，但你的内心已经产生了焦躁。有时，你遇到问题会举棋不定。你讨厌被束缚的感觉，喜欢生活中小小的变化。你善于独立思考，你不会轻易接受别人没有充分证据的建议。有时你会展现出外向、亲切、友好的一面，有时你也会表现出内向、谨慎、沉默的另一面。

读完上述这段话，你是否觉得这就是自己的缩影呢？其实这是心理学家在做性格测评时使用的材料，有超过九成看过这段材料的人都会认为：“天哪，这不就在说我嘛！”

不用吃惊，从人来到这个世界的那天起，就没有停止过“我是谁”这一系列的思考。但在生活中，我们每个人都不可能做到随时随地反省自己，也不可能总会站在客观的角度看待自己，所以我们经常利用别人的评价来认识自己，把别人的评价作为参考，于是，就产生了随大流的心理。

这种随大流的人在生活中随处可见，就连冷静的科学家也会落入盲从的“大军”中。物理学家福尔顿运用新的测量方法得出固体氦的热传导度，可这个结果比按照传统理论计算的结论高出500倍。福尔顿担心一旦公布了这个数字，难免会有哗众取宠之嫌，所以他没能勇敢地公布这一数字。没过多长时间，美国科学界的另一位年轻才俊，在实验过程中也测出了和福尔顿一样的结果。当这位年轻才俊公布了这一数字后，很快在科学界掀起了一阵波澜。福尔顿闻知此事后感到万分后悔，他这样说道：如果我当时能冲破“习惯”的枷锁，迎来“创新”的自由，掀起这场科技波澜的人将会是我。

也许有人说，“我是个意志坚强的人，不会盲目从众，始终能坚持自己的观点。”但是，当大家的意见一致时，你还能坚信自己的观点吗？

第十四篇 冲破思维定式的枷锁

国 穈 时重释皂於洒薹纥翩《盔牵核·扔牵·辚牵·扫断霂1460—1495龀

——当你认为天空很低的时候，你的天空就真的变低了。

经典实验：不同的评价

包达列夫是前苏联著名心理学家，他曾做过一个关于“刻板印象”的实验，他想通过这个实验来验证人们在长期的人际交往过程中，是否对某类人已经形成了笼统的印象。

包达列夫将参加测试的大学生分成了两组，并将这两组安排进入不同的房间里，接着，这两组学生看到了研究人员向他们展示的同一个人物的照片，这个人物的面部特征是这样的：眼睛深凹，下巴外翘。学生们在没看到照片前，包达列夫就对第一组学生说：“这是个穷凶极恶的罪犯”；可他却对第二组学生说：“这是个很有名的科学家”。然后他要求两组学生们用文字来描述照片上的这个人。

第一组学生是这样描述的：双眼深陷说明他是个凶残，内心充满仇恨的家伙，突出的下巴说明他绝无浪子回头的可能……

而第二组学生的描述和第一组截然相反：双眼深陷说明此人有着不同于常人的思想，下巴突出表明此人的不畏困难的意志力……

截然相反的描述让人感到惊讶。同一个人，为什么评价的差异这么大？究其内中原委，是人们的定式思想在作祟：当认为某人是穷凶极恶的人时，人们就会把其眼睛、下巴的特征归为凶狠、狡猾一类；而当人们把他当成是文质彬彬的人时，便把相同的特征归为思想的深邃性和意志的坚忍。仅仅就是因为看到照片前得到了不同人物特征提示，所以给出的文字描述就有如此大的差别，可见人与人的认识过程受思维定式的影响是巨大的！

包达列夫的想法得到了初步验证：一些人总是习惯于把人进行机械的归类，把某个具体的人看作某类人的典型代表，把对某类人的评价视为对某个人的评价，因而影响正确的判断。人们不仅会对接触过的人产生刻板印象，

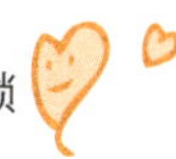

有时还会根据一些不是十分真实的间接资料对未接触过的人产生刻板印象，比如：老年人是保守的，年轻人是爱冲动的；北方人是豪爽的，南方人是善于经商的等。

相关实验

A. 苦命的跳蚤

实验原理：当你老是待在一个圈子不动的时候，你会发现你已经很难动了。

实验主持人：某心理学家。

实验对象：跳蚤。

实验过程及结果：

一位心理学家将一只跳蚤放进一个没有盖盖子的水杯里，结果，这只跳蚤轻而易举地就跳出了杯子。随后，心理学家再次将跳蚤放进了杯子，但是和上次不同的是，心理学家用一块透明玻璃盖在了杯口上，这次跳蚤直接碰到了玻璃罩。连续多次碰壁后，跳蚤不断改变跳跃高度以适应环境，每次跳跃高度总保持在玻璃片的高度之下。看到这一现象后，心理学家一次又一次降低玻璃片的高度，每次碰壁后，跳蚤就会主动改变跳跃高度。最终，玻璃已经快接近杯底了，此时跳蚤已经没有了跳跃空间，即便是敲击玻璃杯，跳蚤也没什么反应。过了一会儿，心理学家将玻璃片从杯中取出，但是不管怎样刺激跳蚤，它也跳不起来了。

实验联想：

擅长跳跃的跳蚤经过一次次的碰壁，迫使它不断改变跳跃高度达到适应环境的目的，不断的碰壁也让它“意识”到：它无法跳出这个容器。其实，影响它的不是那块玻璃片，而是那种“我无法跳出去”的信念。这是典型的刻板印象，刻板印象具有明显的倾向性，长此以往就会形成这样一种信念。

想一想，生活中有多少类似这样的现象束缚着我们，我们也因此不敢继续前行。所以，不要让刻板印象蒙蔽了我们的双眼！

B. 性别的印象

实验原理： 要真正达到男女平等，女孩们应该大声对自己说：“没有不可能！”

实验主持人： 美国学者斯潘塞、斯蒂尔和奎因。

实验对象： 男女大学生各两组。

实验过程及结果：

三位专家找来四组数学背景和能力差不多的男女学生，并且给他们出了一道难度极高的数学题。然后将他们分成两大组，每组里男女比例均衡。三位专家告诉第一组学生们，虽然这道题很难，但是他们应该有解决这道难题的办法；三位专家却告诉第二组学生们，恐怕他们没有能力解决这道难题。实验发现，第一组里解出这道题的男女人数比例是一样的；第二组里解出难题的女生人数仅为解出难题男生的人数的五分之一。

实验联想：

可见，这个测试证明了性别也是有刻板印象的，一旦说明难度，女生就会因此受到影响，解题能力下降，因为女性总是在社会教育中接收这样的信号：女性是弱者，即使是一同起跑，最先到达终点线的也是那些男性。女性不经意间就给了自己这样的自定义，即使现在提倡男女平等，这种性别偏见还是如影随形般地困扰着女性。只有让自己不受任何影响，摆脱刻板印象的束缚，才能飞向属于自己的天空。

测测你自己：你有大男子主义/小女人主义吗

白雪公主、灰姑娘这些生活在童话故事中的人物，无一例外都是柔弱女

子，只有等到王子的到来，她们才会过上幸福的生活。其实，不仅仅只是童话故事中存在这样的女性，现实生活中这样的柔弱女子也不在少数。一般来看，我们都会认为男性是勇敢的象征，女性是柔弱的代表。这种评定就是典型的性别刻板印象。

试着做一做下面的测试，看看你是否有大男子主义/小女人主义？

	题　目	同意	不确定	不同意
1.	我支持男主外（工作），女主内（照顾家里）。	1	2	3
2.	男儿有泪不轻弹，要忍耐。	1	2	3
3.	男性是粗鲁的。	1	2	3
4.	女性心思较细密。	1	2	3
5.	男性比女性有领导才能。	1	2	3
6.	如果太太赚钱比先生多，先生应该自卑。	1	2	3
7.	男性应该不化妆、不穿裙子。	1	2	3
8.	女性在感情的追求上应该被动。	1	2	3
9.	如果有蓝色、红色两种颜色的东西，男性应该拿蓝色，女性应该拿红色。	1	2	3
10.	女性不打架，举止要端庄。	1	2	3
11.	学美发是女性的工作，就像学机械是男性的工作。	1	2	3
12.	总统应是由男性当，女性最多只能当副总统。	1	2	3
13.	女性比男性擅长做家事。	1	2	3
14.	男性的运动神经比女性发达。	1	2	3
15.	医生、邮差、政治人物、警察，这些是男性的工作。	1	2	3
16.	护士、保姆、秘书，这些是女性的工作。	1	2	3
17.	男性如果比较女性化，那他就是不正常的。	1	2	3
18.	男性喜欢布娃娃很变态。	1	2	3
19.	男性要粗鲁。	1	2	3
20.	女性要温柔体贴。	1	2	3

接着请你把所圈选的数字加起来，算算你的总分吧！

测试结果：

20～32分：你也太大男子主义/小女人主义了吧！

你的性别刻板印象情结很深，对正确的两性知识积累很少。假如你是一个男生，你很大男子主义，假如你是女生，则很小女人主义。你的思想较为传统，你对两性的概念还保持在封建状态。嘿！现在都21世纪了！

33～46分：你的观念还有待改进。

你的性别刻板印象情结不太严重，你心里有些正确的观念，但也有些封建的想法。或许是因为不常接触异性的缘故，所以当讨论起两性问题时，你对该方面的知识也是一知半解的状态。

47～60分：你的态度相当客观。

你有正确的两性观，你没有性别刻板印象。面对两性问题你总是能够保持客观态度，你知道男女都是平等的，不论是男人还是女人都有同样的能力去做同样的事情。

小贴士：心有多大舞台就有多大

这两个实验告诉我们，“你想跳多高，就能跳多高；心有多大，舞台就有多大”。一个人能取得什么样的成就，关键在于自己。我们的心态，我们的习惯，我们的方法，我们的努力，都决定了我们可能达到的高度，而确定什么样的高度，对我们的成就大小具有决定性的意义。

有这样一个故事：

有人问3个泥水匠：“你们在干什么？”甲说：“砌墙。”乙说：“挣钱。”丙说：“造世界上最有特色的建筑。”10年后，甲和乙还是碌碌无为，只有丙成为了一位知名的建筑师。

我们不必惊讶于他们10年后迥然不同的命运，因为从他们当时的回答中就可以预料到他们的不同结局。其实，命运就掌握在自己手中。甲和乙只是把这份工作当成谋生的手段，虽然他们也希望能把工作做得更出色一点儿，

但养家糊口才是他们最终的目的。目光狭隘，让他们对眼前的工作失去了冲劲与追求。只有丙与众不同，他不仅热爱自己的工作，还有一个远大的理想。在他的眼里，泥水匠不只是简单的泥水匠，还是一位伟大的建筑师。他不但努力工作，还为自己立下了在这个领域做出卓越成就的远大志向。他的梦想时刻激励他奋发追求，最终成就了他人生的高度。

不敢想，就注定平淡；不去做，就只能平庸。

微软的一位主管和总裁比尔·盖茨在主持面试的时候，同时有3个应征者脱颖而出。主管问他们："进入微软以后，你们有什么打算？"第一个人说："我将尽全力做好自己的本职工作。"主管赞许地点了点头。第二个人说："我希望我适应的这一段时间内不犯什么错就好。"第三个人说："我希望能把任何一份工作都当成一个学习和积累的机会，最终成就一番大事业！"

其他人听了都一愣。没想到比尔·盖茨却说："好，既然你有雄心，我愿意为你提供这个表现自己的大舞台。"

会后，主管不解地问比尔·盖茨："那个人一看就是个狂妄自大的家伙，为什么还要录取他呢？"

比尔·盖茨说："一个人能否取得成功，与他的志向有着直接的关系。一个没有大志向的人，即使再有才能，也不可能取得大的成就，因为他的人生目标早已被他的鼠目寸光给掩盖了。"

果然不出比尔·盖茨所料，微软在录取了这3个人之后，前两个人都兢兢业业，成了合格的员工；而最后一个人则工作出色，很快就进入了公司的管理层，为微软的发展做出了巨大贡献。后来，他离开微软后成为一家著名企业的CEO。

不少人认为天才是先天注定的，但是世上被称为"天才"的人，肯定比实际上成就天才事业的人要多得多。许多人之所以一事无成，就是因为他们不敢为自己制定一个高远的奋斗目标，缺少雄心勃勃、排除万难、迈向成功的动力。设定一个高目标，就等于达到了目标的一部分。不管一个人有多么超群的能力，如果缺少一个认定的高远目标，他将一事无成。

小 结

有五个人在饭店里喝啤酒，他们分别是英国人、美国人、法国人、德国人、中国人，突然，他们看到一只苍蝇在饭店里飞来飞去，于是便做出了五种举动。

一言不发的美国人立即离开饭店去找自己的律师，他表示要状告这家饭店；一怒之下的法国人表示不会支付本餐的费用；幽默的英国人说道：“嘿，快看啊，苍蝇也来饭店吃饭喝酒了”；严谨的德国人检验着自己杯中的啤酒是否受到了细菌的污染；“倒霉”的中国人将苍蝇捞起，把杯中的啤酒喝掉一半，然后找饭店老板赔偿，并且将苍蝇带到第二家饭店，偷偷放进啤酒里，继续“倒霉”。

从这个笑话中我们不难发现各国人的性格特点：讲原则的美国人凡事都会据理力争；率性的法国人做事比较冲动；善于自我解嘲的英国人风趣幽默；严谨的德国人做事很认真；易于妥协的中国人善于钻空子。

各国人的性格真像上面描述的那样吗？也不都是吧，就像哪里有好人也有坏人一样，笼统地归纳各国人的性格特征是典型的“刻板印象”作用。在我们的生活中这样的现象比比皆是。例如，假如你看到一个留着长发、蓄着胡子、戴着墨镜的人，这要是在20世纪70年代的话，你一定会认为他不是个好人；你平时认为一个非常老实的人突然做了坏事进了监狱，你往往会觉得不可思议。这都是典型的“刻板印象”。

大家来看看下面这个脑筋急转弯：有两个人正在谈话，一位是公安局长，一位是老人。就在他们谈意正浓的时候，跑过来一位小孩对公安局长说：“你爸爸和我爸爸吵起来了！”老人问局长：“这小孩儿是谁啊？”公安局长说：“这小孩儿是我儿子。”公安局长和这两个吵架的人是什么关系？答案很简单：这位公安局长是个女人，两个吵架的人，一个是她的老公，另一个是她的父亲。但就是这个简单的问题难倒了很多人，一般人都会认为公安局长就应该是男的，受“刻板印象”的影响怎么会找到答案呢？

突破刻板印象和思维定式，我们才能真正做到超越自我。

第十五篇 幸福到底有多远

图：《希望》夏凡纳（1824—1898）

——唯有希望，方能指引我们到达幸福的彼岸。

经典实验：中国城市幸福指数

2004年，芝加哥大学教授奚恺元联合媒体对中国6个城市进行了一次幸福调查。

北京、上海、杭州、武汉、西安、成都6个城市是本次开展调查的对象，此次调查于2004年4月中旬在6个城市的中心，由调查人员采取随机访问的形式开展，意图了解这几个城市市民对该市现在和未来的幸福指数。每个城市抽取200个样本；20～50岁之间的人群是本次调查对象；在分析样本的时候，将外来人员排除出外，只留下本土居民，并在本土居民中将没有收入的人群剔除。

接下来让我们看看6城幸福指数的简要说明。

榜一：6大城市幸福指数排行榜

第一名：杭州

第二名：成都

第三名：北京

第四名：西安

第五名：上海

第六名：武汉

榜二：六城人均月收入对照

从各城市人均月收入的情况来看，幸福指数和收入似乎并无太大关系，人均收入最高的上海却排第五；人均收入最低的成都排第二位；人均收入居中的杭州幸福指数最高。

榜三：各城市幸福指数与月均收入对照

测试表明，在每个城市里面，收入水平与幸福指数直接相关，收入越高

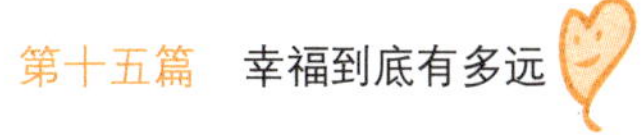

越幸福。

根据榜二的结果，不同城市之间，富有的城市不见得比贫穷的城市幸福；但就一座城市而言，穷人没有富人幸福。这也仅仅说明财富对幸福的影响是因人而异的；但是经过跨城比较后，不见得贫穷的城市就没富有的城市幸福。

从样本中发现，月均收入不到1000元的人在上海很不幸福，收入在1000元以上的，相对差距较小；月均收入低于1000元的成都低收入人群是最乐观的，他们认为他们过得不比那些高收入的人群差，他们觉得很幸福。

榜四：各城市幸福指数与月均收入综合排行

在此次调查中，研究者将收入水平分为4个等级，第一档低于1000元、第二档1000～2000元、第三档2000～3000元、第四档3000元以上。按城市和收入划分，共有24组群体。将这24组人群幸福指数相比较：月收入超过3000元的杭州人是最开心的，排第二的是月收入超过3000元的武汉人，月收入3000元以上的成都人则位列第三。月收入低于1000元的上海居民则位列榜尾。从中我们不难看出，在低收入的城市中生活，相对而言人均幸福指数更高一些，在高收入的城市中生活幸福指数则较低。

人们主观上对生活的满意程度就是幸福。而幸福指数就是衡量这种主观满意程度的标准。一般人都会认为幸福和财富的积累有关。但是，经过这个调查来看，财富与幸福的关系与人们一般认为的要小得多。

相关实验

A. 试验“幸福”

实验原理：“幸福”的天秤其实就在我们心中，就看你怎么掂量了。

实验主持人：美国幸福研究所。

实验对象：志愿者。

实验过程及结果：

心理学家让参加测试的人用“我希望”起头造句，例如“我希望成为像罗纳尔多那样的球员”“我希望今天的比赛我能进球”“我希望考入剑桥大学”，然后，心理学家又要求参加测试的人再用“还好我不是”起头造三个句子，例如说“还好我不是那个罚丢点球的人”“还好我不是专科生”“还好我不是他那样的人”等。调查结果显示：在完成以“我希望”造句后的人，心情会变差；而用“还好我不是”的人完成造句时则表现出心情愉悦的一面。

这时，心理学家又为参与测试的志愿者们讲了一个故事：有一位青年出身名门，青年的各方面都很优秀，也不用为物质所担忧，但是青年感到很不快乐。青年认为，从他来到这个世上开始，家人就已经为他设定好了生活轨迹，这么多年他都是按部就班地在走，他觉得这样的生活毫无意义。他说：“就算我现在从楼上跳下去，第二天，真正在乎我的人还不就是我的父母，除了我的父母又有谁真的在乎我呢？我死了，太阳照常升起。人早晚都有那么一天，没有意思。”在志愿者听这个故事的过程中，心跳、脉搏等数据反映出无奈和烦恼。

心理学家接着对志愿者们说：假如你早晨起床发现你是健康的，那么你就比别人幸福，因为那些被病魔折磨的人很有可能见不到明天的太阳了；如果你没有经受过战乱的威胁、监牢的折磨和饥饿，那么你就比地球上的5亿人幸福；如果你能随意进出一些地方，没有被杀害的威胁，那么你就比地球上的30亿人幸福；如果你衣食无忧，有车有房，那么你就是这世上最幸福的人；如果你不为金钱所烦恼，银行和钱包里都有钞票，那么你属于世上8%最幸运之人；如果你父母都健在，他们没有离过婚，那么你是这世上最最幸福的人　志愿者们在听教授演说的过程中，脉搏等数据反映出幸运和幸福感。

实验联想：

幸福是一种主观的判断，通过这个实验我们得出这样一个结论：我们常常因为比较而得知是否幸福。我们常常因为“希望我是”“我跳楼地球照样转”这样的想法而联想到自己的不足和烦恼，心情也跟着变得沮丧；我们偶尔因为“还好我不是”这样的想法而感到幸福，原来自己还是拥有一些别人没有的东西。是否幸福，就看你对待生活是怀揣着什么样的心态。

B.“冰激凌”实验

实验原理：财富只是到达“幸福”彼岸的诸多船只中的一条而已。

实验主持人：美国芝加哥大学商学院终身教授奚恺元。

实验对象：所有寻找幸福的人。

实验过程及结果：

桌上有两杯冰激凌，一杯冰激凌有7盎司，另一杯冰激凌有8盎司。7盎司的冰激凌用5盎司的杯子盛放，表面看上去感觉要溢出来了；8盎司的冰激凌用10盎司的杯子盛放，但看上去似乎没有装满。大家愿意在哪一份冰激凌上多花钱呢？一般来说，人们更愿意为分量多的冰激凌付更多的钱，换而言之是为大杯子冰激凌付更多的钱。但实验结果恰好相反，人们纷纷去买了7盎司的冰激凌。

实验联想：

从“冰激凌”实验中我们不难发现，人的理性是有限的。人们在做出选择之前，并没有想过计算物品的实际价值，而是用直观的线索去做选择。举例来说，有1000元钱，其中500元是你打工挣来的，另外500元是你买彩票赢来的，面对打工挣来的那500块，你不舍得花掉，但是面对那500的意外之财，你会很快选择花掉。从中我们也不难看出人有时候缺乏理性的另一面：钱并不是具备完全的替代性，同样是500元，但在我们眼里，来路不同的钱的意义不同，运用途径也会不一样。

总而言之，不管人们追求什么都是为了幸福，而不是积累更多的财富，如果你是后者，那你是个不折不扣的“守财奴”，不懂得金钱换取物质是为了取悦自己的生活。从“效用最大化”观点来看，财富对人本身而言不具备最大效用，因为人们追求的是幸福本身。传统观念让人们认为，不断积累财富才会获得幸福。但实验从另一个角度诠释了财富与幸福的关联性很小，人们是否幸福，很大程度上取决于自己的心态。奚恺元教授正在发展一种新的、严格的理论来研究如何使人们的幸福最大化。这个理论提出：我们追求幸福不是将财富最大化，而要将幸福最大化。

测测你自己：你和幸福的距离

如果要画一只鸟和一个人，你会如何构图？

A．一个人正看着笼中的鸟。

B．一个人正追着飞走的鸟。

C．一只鸟停留在一个人的肩上或手上。

D．一个人正向飞远的鸟招手。

E．一只鸟在上空飞行着，而这个人对这只鸟毫不在意。

测试结果：

A．其实你和幸福离得很近，但因为最后一点点阻隔让你无法如愿。

B．你全力以赴地奔赴在幸福的道路上，你急于抓住幸福，但总是抓不住，挫折让你身心俱疲。其实有舍才有得，有时候放弃一些东西后，你就会豁然开朗，才会感到真正的幸福！

C．你正处于幸福之中，做什么事情都很快乐！

D．你正在原地等待幸福的到来，殊不知幸福要靠自己主动争取，人生中的机会其实不多，稍有疏忽就会溜走，千万大意不得！

E．你是个对幸福没什么感觉的人，你现在或许表现出淡然的样子，但经历了一些事情后，你就会对人生有不同的理解！

小贴士：幸福小窍门

1．全心全意去爱你应该爱的人。尽可能抽出多一些时间去陪伴在他们身

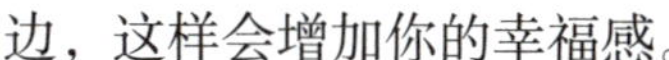

边，这样会增加你的幸福感。

2．全力以赴去做你喜欢做的工作，投入更多的热情，兴趣是最好的老师。你喜欢的工作能教会你如何获得幸福。

3．培养正确的利人利己的价值观，你会常常在帮助人的过程中体会到幸福，体现自己的价值，获得精神上的满足。

4．学会在生活中调节自己，积极参加一些社交活动和户外活动。通过和别人的交际和大自然的接触，你能找到更多的幸福。

5．经常参加体育锻炼。出汗会给你带来轻松的感觉。

6．学会创新。受传统观念的束缚，人们往往认为按部就班、因循守旧是最佳的生活方式，其实推陈出新也会让你获得幸福，你可以选择不同季节休假、重新布置自己的卧室。

7．不要让悲观情绪影响你，不要因为一时的失意而一蹶不振，学会富有同情心，自己体谅自己。

小　结

幸福究竟是什么，每个人都没有准确的定义。爱、情、恨、伤感、孤独这些情感中都蕴藏着幸福……这样的说法似乎太抽象。那我们究竟距离幸福有多远呢？有句老话是这样说的：“幸福是属于天堂的，只有快乐才属于人间。”难道说幸福真的就这么遥不可及，而我们每个人追求幸福是在痴人说梦吗？

世间没有一个人是不希望得到幸福和快乐的，但我们这些凡夫俗子又常常忽略掉我们身边最珍贵的。或许当我们在茫茫人海苦苦追寻幸福的时候，幸福来到我们身边已经有些时日。因为自己的疏忽让幸福从身边溜走，当我们走了很多弯路后才忽然发觉：原来，幸福就在我的身边！过往的寻觅，真是徒劳无功，到了那个时候，我们是不是会多了一分叹息呢？

究竟什么是幸福？是别人给予的赞美，还是自己内心的感觉？只有自己才清楚想要的是什么，明白了想要的，也就知道了自己的幸福是什么，幸福因人而异。有些人的幸福就是香车美女，但荣华富贵在别人看来未必见得幸福。和相爱的人长相厮守也是一种幸福，所以说其实幸福就是遵循自己内心的一种感觉，幸福是拥有，珍惜眼前就是幸福。

其实很多时候幸福已经围绕在我们身边，只是我们不曾发现罢了。不要再抱怨你没有这，没有那，想想你现在拥有的是多少人梦寐以求的。学会把握当下，把握你身边的美好事物，珍惜你的亲人朋友，珍惜你身边的一切……

要相信我们都是幸福的，想想看，我们活在这个世界上不就是一种幸福？只要活着就能感受到喜怒哀乐，或许我们生活中有很多不尽如人意的地方，但是，不完美也是一种幸福，不是吗？朋友们，让我们学会接受！在接受的过程中，你就会发现：原来幸福就在身边……

第十六篇 人际交往的技巧

国 鳒 吸肤百泠皂小平《讨·巳茸断牵·�院蒗·复少丸霂1699—1779乾

——在如此清澈的眼睛里，所有的交际法则都失去了存在的意义。

经典实验：有求必应的秘密

弗里德曼和弗雷泽是美国著名的社会心理学家，他们在1966年的时候做过一个名为“登门槛技术”的实验。

他们假装公益组织的宣传人员，在市中产阶级的某个聚居区，随机访问了一些家庭主妇（大约有100人），并请求这些家庭主妇将写有“请爱护环境”字样的牌子挂在她们家的窗户上，结果大多数家庭主妇都欣然接受了这一请求。过了不久，他们再次找到这些曾经访问过的妇女，请求她们能否将一个不太美观的大公益招牌放在院子里，最后大多数妇女都同意了。

与此同时，他们的同事就没有这么幸运了。他们的同事也找了大约100位家庭主妇，也没经过什么访问程序，直接提议将那个又大又丑的公益招牌放进她们的院子，最后，只有不到20个妇女答应了他们的请求。

从上面的事例我们不难看出，人一旦接受了别人小小的请求后，为了保持自己一如既往的好印象，那么这个人很有可能接受更多的请求。所以，当你想完成一个短时间内不可完成的目标时，一步到位是不可能的，分成几步去做或许会收到奇效。就像我们上楼一样，要一级一级地登，这样我们才会顺利到达目的地。

同年，弗里德曼与弗雷泽设想，如果将这种情况倒置，那么结果会是怎样的呢？

他们又来到一个居民区，直接向居民提议将一块写有“小心驾驶”字样的大标语牌竖在各自的家门口，结果大多数居民当场表示拒绝，最后只有17个人表示愿意这么做。紧接着他们又请求居民们为一份安全请愿书签名，结果这次有超过百分之八十的居民满足了他们的请求。

他们对此作出结论：人们会直接拒绝很难做到的请求，但你随后提出一个他力所能及的请求时，他基本上不会再拒绝你了，人不好意思拒绝别人对自己提出的第二次请求。所以在你求人帮忙时，如果不确定对方是否会答应你的请求，不妨先说一个对方力所能及的请求，待对方答应后再说出你真实的请求，这样就会大大增加你成功的概率。

相关实验

A. 好说话的都是自己人

实验原理：自己人效应。

实验主持人：某班主任老师。

实验对象：早恋学生。

实验过程及结果：

为了扑灭中学生早恋的苗头，某中学老师想尽一切办法都没能避免学生早恋现象的发生，但该中学有一个班除外，于是其他老师都去找该班班主任，向他请教成功的秘籍。

这位老师这样说道："我没有一味打压班上的同学，而是和同学们说了我上中学时候的事情：记得我读初中的时候，莫名其妙的，我总是会想到我们班上那个漂亮的女生，有时候上课也会忍不住偷偷看她。学生们一听我的事都产生了兴趣，都问我事情最后发展到什么阶段了。这时，我就抓住这个机会，告诉他们这只是青春期的正常反应，再说说自己对早恋的看法。同学觉得我这样做就是拿他们当朋友，他们会对我产生信赖感，从而更愿意听取和采纳我的建议。"

其他老师听完后，无不拍手称赞。

实验联想：

爱国将领冯玉祥爱兵如子是出了名的，他非常关心士兵们的生活，曾亲自照顾伤兵，并且经常和士兵们一起吃饭聊天。所以，士兵们都觉得冯将军有一种特殊的亲切感，就像自己的亲人一样，所以有什么话都愿意和冯玉祥说，也愿意听从他的意见。这和上述故事中的班主任有着异曲同工之妙。

说服别人遵从你的建议，不只是提出好建议就能办到那么简单，如果能利用“自己人效应”，让对方感觉自己就像“自己人”一样，对方也会对你产生信任感。这样，不但拉近了彼此之间的距离，在提升人际关系的同时，还避免了自己的建议被别人拒绝的尴尬局面发生。

B. 公关大师的天赋

实验原理：那一颗童心，是造物主赐给我们最美的珍珠。

实验主持人：法国社会学家菲奈兹。

实验对象：农贸市场水果摊主。

实验过程及结果：

菲奈兹是法国著名社会学家，他曾做过这样一个实验。

他找来三个人，他们分别是小孩、中年人和老年人，菲奈兹要求他们到指定的水果摊上拿一个苹果回来，前提条件是：在指定的水果摊，并且不能用钱去换，只能想方设法说服水果摊老板，在最短时间内拿回苹果的人就是获胜者。结果第一名是小孩，第二名老人，中年人则位居第三。

是什么原因造成了这样的结果？让我们看看他们是怎么和老板沟通的。

孩子说：“老板您好，您卖的水果都很好看啊，您能给我一个苹果吗，我现在很饿。”

水果老板回答道：“孩子，给你这个最大的。”

中年人对水果摊老板说：“我是波尔多地区的水果经销商，不知道您能否给我一个苹果，我做下试销？”

水果摊老板回答：“你是水果经销商？你的生意做得如何？这个品种是很贵的　　”（然后又是一番漫长的沟通）

老人：“您好，您能给我一个苹果吗，我想给我孙子写生用，我非常想给您钱，但是我把钱弄丢了，我能否先拿个苹果回去给孙子写生，下午把钱

给您送来，您看行吗？”

水果摊老板说：“没问题，您的孙子一定是个学油画的　　”

实验联想：

孩子就是天生的公关大师，因为他们的天真无邪，大家都对他们充满了信任。这就是孩子天生的公关天赋。孩子强大的亲和力会使他们和任何人沟通起来都不存在什么障碍。保持一颗童心，会让我们更容易和别人亲近。

测测你自己：你的亲和力究竟如何

你觉得自己的性格像以下哪种动物？

A．顽皮的小猫

B．忠于主人的小狗

C．漂亮的花蝴蝶

D．温顺的小绵羊

E．聪明伶俐的小松鼠

F．胆小害羞的小白兔

测试结果：

A．选“顽皮的小猫”

亲和力：80%

活泼开朗的性格让人感觉无忧无虑，和谁都能打成一片，不管是男性还是女性都喜欢和你在一起！但有时候你的无厘头会让朋友们哭笑不得。

B．选“忠于主人的小狗”

亲和力：90%

你有很强的亲和力，你有时候会把自己心里的秘密藏起来，如果你能敞开心扉和朋友分享一些苦闷，那你的生活会更轻松。

C．选“漂亮的花蝴蝶”

亲和力：50%

你给人一种高高在上的感觉，即便是你再好的朋友，你对人家还是多了几分防范之心，你只有和大家多多亲近，才能改变别人对你的印象。

D．选“温顺的小绵羊”

亲和力：70%

你是一个稍稍有些保守的人，你虽然做事细心，能给人一定的亲切感，但总是为别人着想，自己就会过得很累。

E．选“聪明伶俐的小松鼠”

亲和力：60%

你的人缘还可以，但缺乏足够的亲和力，可能是做事处处显示的精明让你有些招人嫉妒吧。

F．选“胆小害羞的小白兔”

亲和力：85%

你是个注重细节的人，能站在对方的角度替对方着想，就算自己受些委屈，也要让朋友好过些。

小贴士：名片的功效

某青年接连应聘了好几家单位都失败了，他感到万分沮丧。最后，他又硬着头皮到另一家公司去应聘。在应聘之前，他先了解了这个公司老总的经历，发现这个老总在年轻的时候也有过处处碰壁的经历，于是鼓足了勇气前往这家公司应聘。在面试的时候，他和老总大谈自己之前碰壁的经历以及自己求职若渴的心情，果然，老总因为他这一席话深受感动，最终聘用他为该公司的总经理。

这就是名片效应。在两个人交往的时候，如先表明自己和对方的立场相同，就会博得对方的好感，从而在短时间内拉近彼此的距离，促成良好的人际关系。有时候，有意识地向对方表述自己同对方一样的价值观，更容易获得成功。

这就像使用“心理名片”一样，通过心理作用，将自己成功推销出去。怎样才能让“心理名片”发挥它的作用呢？第一，要先了解对方的一些事情和经历，正所谓知己知彼才能百战百胜，从中找到你认为积极的、正确的观点，才能“制作”出一张有效的“心理名片”。第二，在合适的时间亮出你的“心理名片”，这样，你就可能成功。掌握“心理名片”这门交际技巧，就能在人际交往中有着不俗的表现。

小　结

日本某汽车品牌在刚刚“登陆”美国时，急需在美国找一家当地的代理商销售其产品，以弥补他们对美国市场不了解的缺陷。日本汽车公司找到了一家美国销售公司，就在两家公司就合作问题展开谈判时，日本汽车公司的谈判代表因为路上堵车而没能及时到达谈判现场。美国公司以此为由，希望日方能给予更多的优惠。日方代表发现已经没有回旋的余地，于是站起来说：“耽误了你们的时间，我为此感到万分抱歉，但这并非出自我本意。我们对贵国交通状况不是特别了解，所以造成了现在的局面，我希望双方不要在这个无谓的问题上再做纠缠了，如果贵方觉得我们表现得毫无诚意，那么，我们就不用谈什么合作了。我认为，以我们开出的条件不会在美国找不到合作伙伴。”

日方代表的一席话让美国公司的代表有些害怕，美国人哪能就此错过这个赚钱的机会，于是谈判还是开展了。

每个人都希望成为生活中的赢家，就在这场胜负未分的拉锯战里，有的人选择勇往直前，遵循不让半分这一原则，以谋求更多的胜利；而有的人却选择以退为进，证明“示弱以示强”，这更是取胜的一大法宝。

不管你要做什么，请做个进退有度的人吧，适时的退让会收到意想不到的效果，只要能达成这一步，成功也就离你不远了。

第十七篇 “朝三暮四”有秘密

国 鳒 名宪霰可《讨·荻昀·烬罕妄霂1824—1904龁

——最重要的，是珍惜当下，切不可被欲望所迷惑。

经典实验：褒贬也要讲技巧

在人际交往中，我们总是喜欢接近自己喜欢的人，远离讨厌的人。然而，人是复杂的，我们不能一直保持这种一成不变的态度，当对一个人的态度在喜欢和讨厌之间时，我们要做出怎样的回应呢？美国心理学家阿伦森针对这一问题就做了一个相关的实验。

有81名大学生自愿参加阿伦森的实验，他将其中的80名学生分成四组，每组的学生都有七次机会听到第81个同学（其实这个同学是心理学家事先安排的）谈有关他们自己的评价。实验程序是这样的：第一组定为褒扬组，对这组所有人的七次评价只说优点不说缺点；第二组定为贬抑组，对这组所有人的七次评价只说缺点不说优点；对第三组所有人实行先贬后褒，即前四次评价专门说其缺点，后三次评价则专门说其优点；对第四组所有人实行先褒后贬，即前四次评价专门说其优点，后三次评价则专门说其缺点。

当那第81个同学对所有80名同学做出评价后，阿伦森又要求被测的80名大学生们说出对第81名同学的喜欢程度。结果发现，第三组的同学特别喜欢该同学。问到第三组同学喜欢该同学的原因时，大家都表示，假如那个同学只是单纯地表扬或贬抑，就会显得虚伪和主观；只有先贬后褒才会让大家觉得那位同学既客观而又不失诚意。

阿伦森通过实验发现了人际交往中的“增减效应”，即我们最喜欢那些会越来越喜欢我们的人，最讨厌那些原本喜欢我们，但却渐渐远离我们的人；相较一直喜欢我们的人而言，那些对我们逐渐增加喜欢的人，更容易博得我们的好感。

这种“增减效应”的依据在于：任何人都希望别人对自己的喜欢是“有增无减”的，事情就是这样的！

根据这个结论，阿伦森还提醒大家，不管我们是在工作中还是生活中，应该尽力扭转因自己的失误而给别人造成的不良印象。同样，它也提醒我们在交际过程中，要避免“增减效应”带给我们的错误影响。

相关实验

A. 逐渐减少的奖励

实验原理：当我们明白玻璃球和钻石的区别时，我们也就失去了童年。

实验主持人：一位老人。

实验对象：小区里的孩子们。

实验过程及结果：

有一部破汽车停放在某居民小区的空地上，小区的孩子们喜欢在晚饭后攀上车厢又蹦又跳。“嘭嘭”的蹦跳声让大人觉得讨厌至极，大人们越是制止孩子们的行为，小孩子们就越要跳，最后，大人们只能无可奈何地回家了。某日，不知道从哪搬到该小区的老人，对这些孩子们说：“小朋友们，你们尽情地蹦跶吧，谁蹦的声音最响，我就把这个电动小火车送给他。”小孩子们心里乐开了花，都使尽浑身解数蹦跶着，最后，蹦跶声最响的那个小孩得到了那辆电动小火车。第二天，老人依旧在“老时间”出现在“老地点”，老人对小孩们说：“谁今天蹦得最响，我就把这把玩具枪送给他。”孩子们一看今天的奖品没昨天好，就没什么人愿意蹦跶了。第三天，老人拿了一个苹果对这群孩子说：“今儿咱们继续比赛，谁第一，我把这苹果送他。”孩子们一听就不干了，他们大声向老人嚷嚷道：“真没劲，我们不跳了，我们去玩别的吧。”说完就一哄而散。从此以后，这帮孩子再也没有在这辆破车上蹦跶过。

实验联想：

大家读完这个故事，是不是觉得特别逗？从中我们也得到了一些启发：

那位老人采用了“逐渐减少奖励”的方法打击了孩子的“蹦跶心理”。换成我们在人际交往中也是这个道理，不管面对的情况怎样，在自己的行动中都夹杂着“过分表演”的成分，那么随着时间的推进，逐渐显露出自己真实的表现后，往往会弄巧成拙。

B. 朝三暮四

实验原理：我们常常被表象所迷，从而做出错误的判断。

实验主持人：养猴的老头。

实验对象：猕猴。

实验过程及结果：

宋国有个养猴的老头，他十分喜爱猴子，并且养了一大群。老头每天早晚分别给每只猴子四颗栗子，为了满足猴子们的食物需求，他还一再减少家中的口粮。老头的经济状况日渐捉襟见肘，猴子却越来越多，所以他盘算把每只猴子每天的口粮变为7颗，但又担心猴子对此不服，于是他和猴子们商量说：“现在粮食不够吃了，我们必须省着点吃。从明天开始，每天早上吃三颗栗子，晚上吃四颗怎么样？”猴子们听到口粮减少的消息后，都纷纷表示不服，吱吱大叫起来。老头见状一琢磨，马上改口说：“那早晨再给你们多加一颗，晚上三颗，这样总可以了吧？”听老头说完，猴子们以为口粮增加了，立马在地上高兴地翻起跟头来。

实验联想：

“朝三暮四”与“朝四暮三”实际上基本是一样的，分配方式改变了，而猴子们轻易地被表面现象所迷惑，马上转怒为喜。养猴的老头儿成功运用“增减效应”给自己解决了一个棘手的问题，但也从侧面给我们提了个醒，很多事物本身就具有相同属性，因此很有必要区分事物的不同性，但有时也要保持足够的清醒，看清这种心理幻觉，别被“朝三暮四”与“朝四暮三”所迷惑。

测测你自己：哪种人会轻易迷惑你

假如有一天你在森林里迷了路，眼前有四种动物可以问路，你会问谁？

A．雄鹰

B．鹦鹉

C．猫头鹰

D．鸵鸟

测试结果：

A．选雄鹰的人 受骗指数：★★★★★ 受骗原因：思想单纯

你是一个做事情很认真，思想非常单纯的人。假如你遇到别人用强硬的态度来压制你，你就会马上听从别人的。只要别人表情严肃一点，语气认真一点你会照做。其实你应该多一点自己的主见，多一点怀疑的精神，遇到事情之后全面理性地分析，才能避免被表象所骗。

B．选鹦鹉的人 受骗指数：★★★ 受骗原因：全凭直觉

你是一个看上去很聪明的人，但是你有的时候判断别人往往是凭外表的。只要对方看起来一副好说话的样子，表现得谈吐不凡，你就会放下防备。你常常以相貌区分人的好坏，而且在事后你还会说：“啊？他怎么长得一点都不像个骗子呢？”

C．选猫头鹰的人 受骗指数：★ 受骗原因：难得糊涂

选猫头鹰的人应该有很强的警戒心，对很多事都抱着一种怀疑的态度，不管别人怎么说，你都会反复思考才下结论，所以假如有人想要欺骗你，那是相当困难。

D．选鸵鸟的人 受骗指数：★★★★ 受骗原因：憨直老实

你非常相信熟人，至今被骗的经历一定多到数不清。如果谁想骗你，只

要先和你套套近乎，将你的信任骗取之后再采取行动，基本上百发百中。被骗之后你很后悔，还有点伤心，责怪自己交友不慎，所以如果不想频频被骗就要从交友方面改变自己的态度，不要谁对你好一点，你就对人家推心置腹把什么都告诉他。

小贴士：面对得到的东西，我们有多在乎

赚取100元的愉悦远远小于损失100元带给人们的痛苦。

美国心理学家丹尼尔·卡伊曼是2002年诺贝尔经济学奖获得者，他结合心理学和经济学进行研究，对人的行为，尤其是在举棋不定的时候，给出了全新的解释。他发现：赚取100元的愉悦远远小于损失100元带给人们的痛苦。最后，他给出的结论是：人们最在乎的是他们已经得到的东西，生活中的增减效应无处不在。我们是不是会这样：

1. 收钱时可以少收，付钱时不愿多付。

2. 容易成为守财奴的往往是那些有钱人，没钱的人从不对跻身富翁行列抱有任何幻想。

3. 对于某些人而言，宁可丢了奖金，也不能不要工资。

4. 对比攒了10天的100元和攒了10年的100元丢了，那么后者带给你的痛苦会高出10倍。

5. 欠债一天，心有不安；欠债日久，则觉得正常。

6. 穷人可能会一辈子快乐地生活，而一夜之间破产的富人很可能活不过一天。

7. 很多人都对没到手的钱不在乎，而到手的钱宁死都不会放手。

8. 越是钱多的人就越想挣更多的钱，越是钱少的人就越不想挣钱。

9. 有人宁愿为了1块钱的利益去花100元打官司；但没有人想到去用100元的成本换101的利润。

10. 有时，我们宁愿不挣那100元，也不愿意和人发生争执；但有时，我

们与人斤斤计较的原因却是动了想少付10元的念头。

11. 有人可能因为煮熟的鸭子飞了而发疯；但是我们常常看到活鸭子从眼前飞过却无动于衷。

12. 世界上会赚钱的人总是少数，而大多数还是那些会省钱的人。

13. 因为缺少一笔资金你就觉得上天对你不公平；失去一笔资金你就会觉得是上天故意和你对着干。

14. 在生活中，我们经常看到这样的现象：一张100元的整钞，放了很多天后，你居然还没把它花掉；但要换成是100元的零钞，没过多久，你就在不经意间将它花光了。

15. 赌博是这样的：从未有赢够的感觉；输了还想连本带利捞回来。

16. 有钱人想的是钱生钱的招数，没钱的人想的是怎样省钱的招数，恨不得把一分钱掰成两半花掉。

17. 啥都没有的人看似什么也不缺，看似什么都缺的人却什么都有。

18. 适当装穷，会让你看淡财富；同样，适当装富，会让你看清财富。

19. 拿到手的才是钱，没到手的钱就是一张空头支票。在不同的钱面前，人与人不一样；在不同的人面前，钱与钱不一样。

小 结

在一家食品店里，某售货员面前总是有顾客排成长龙购买货品，而其他售货员却无事可做，终于有一天，店领导忍不住了，他跑去问这个似乎特别受顾客欢迎的售货员是不是有什么诀窍。“很简单”，她回答说，“别的售货员在替顾客称糖之前，习惯把袋子装得满满的，看起来就快溢出来了，所以最后又得从袋子里拿出一些糖来；而我每次先往袋子里少放些糖，过秤时再多放点，并随便说上一句：‘送您几块糖作为赠品，谢谢光顾，欢迎再来’，这就是我的诀窍。”

其实售货员卖出的糖都不存在缺斤少两的情况，但如果先装再往外拿，顾客会产生吃了亏的心理；相反，顾客就会产生占了便宜的心理，所以那个受欢迎的售货员就获得了顾客对她的好感和信赖。可见，所谓的“窍门”只不过是利用了人们的心理错觉罢了。

现实生活中，我们在评价他人时也可以利用这一心理战术，先贬后褒更会让人信服。例如某新人在单位初来乍到，先表现出平凡的一面，然后慢慢展现自己的才华。看了上面的实验，相信你已经感受到这其中的奥妙所在吧。

第十八篇

集体思维的好与坏

国 皺 笙孀漓奎伙《阽適太 · 长醺少霂1885—1905龁

——当“团体”忽略“个人”时，往往会带来灾难。

经典实验：头脑风暴法

美国创造学家A·F·奥斯本于1939年首次提出头脑风暴法（Brain Storming），这种方法俗称智力激励法，奥斯本于1953年将它正式发表。它以小团体为组织单位，让参与者畅所欲言大胆说出自己的想法，交换彼此的建议和灵感，从而达到思想交流和利益的最大化。那些比较简单、严格确定的问题可以通过这样的方法得到解决，举例来说商品名称、广告创意、销售方案等，都适用于此类方法解决。

在科技日益发达的今天，单打独斗已经逐渐被淘汰，取而代之的是“群起而攻之”的团队创造威力，因此头脑风暴法也被人们看作是“集体解惑”的最佳方案。

某年冬天，美国北方特别寒冷，因雪天所致，电线上大面积被冰雪覆盖，因此电线常常被压断，出现通信中断的情况。许多人都尝试着去解决这一问题，但都失败了。后来，电信公司经理召开了一场能让头脑卷起风暴的座谈会，与会人员被要求必须遵守以下原则：1. 自由思考。参加会议人员解放思想，畅所欲言，不必总考虑自己的方法能否可行。2. 延迟评判。参加会议人员不必急于对别人的提议做出评价，不管是积极的还是消极的评价。至于怎样评估提议的可能性，会后会有专门的评估人员去考量。3. 以量求质。参加此次会议人员应集思广益，用最多的想法来筛选出最可行、最有质量的方案。4. 结合改善。鼓励参加会议人员的智力互补，在自己提议的同时，加入别人的建议，以此来改善自己方案的质量。

就这样，大家议论纷纷地展开了讨论。有人提议专门设计研发一种清理电线上积雪的机器；有人提议摇晃电线清理积雪；还有人提议乘直升机用扫把清扫电线积雪。尽管大家心里都认为这些方案没有可行性，但是不会在会

上作出评价。相反，某工程师在“乘直升机扫雪”的提议上得到启发，继而一个可行的方案诞生了。他想，让直升机沿积雪严重的电线飞行，靠直升机螺旋桨产生的风力将电线上的积雪扇下来。他随即将“用直升机扇雪”的提议呈上，顿时又引发其他与会人员的联想。在随后一个小时的时间里，又产生了90多套可行的方案。

会后，公司组织专家对这些提议进行了可行性的分析。专家们一致认为只有“直升机扇雪”的方案最为高效可行，一个曾经令人棘手的“积雪问题”，终于因头脑风暴产生的提议而解决了。

相关实验

A. 网络缉拿

实验原理：我们很容易被鼓动，从而犯错。

实验主持人：若干网民。

实验对象：虐猫杀手。

实验过程及结果：

一名为“碎玻璃渣子”的网友于2006年2月26日，以《愤怒：半老徐娘血腥虐杀小动物》为题在某网站发布了这样一个帖子，通过一组令人发指的图片披露了一名中年妇女虐杀小猫的过程，该妇女利用高跟鞋踩击小猫头部，令其死亡。此帖一出就引发了诸多网民的声讨，网民们强烈要求找出凶手。更有甚者自愿出资，发出“宇宙A级通缉令”，悬赏金额高达几千元。6天后，就有网民锁定了“作案凶犯”，随后将其资料公之于众，其所在单位也被曝光。无奈之下，该单位于2006年3月8日，决定给予“凶犯”停薪留职的处罚，并责令其通过网络平台向全国公众道歉，此事才算平息。

实验联想：

如今，通过网络缉拿“凶犯”的案例早已屡见不鲜。群体极化就是此种表现，具体表现为：网民从开始就有某种倾向，通过网络大家交换意见，人们朝共同倾向的地方继续保持一致，最后形成极端的观点和行为。所以，在一些“网络缉拿”中，出现了一些如“棒杀”、“拉出去枪毙”等带有攻击色彩的语言，最后将“作案者”的个人资料全部公布在网上。当我们遇到这种情况，应该要保持清醒，不要被团体思维冲昏了头，凡事要考虑清楚，避免因一时糊涂而犯下大错。

B. 挑战者号的灭顶之灾

实验原理：当听到不同声音的时候，我们应该抛弃偏见，重新思考。

实验主持人：美国宇航局。

实验对象：挑战者号航天飞机。

实验过程及结果：

1986年1月，美国宇航局决定将挑战者号送上太空，随后，悲剧发生。由于考虑到零下温度会对设备造成的危害，在Morton Thiokol制造航天飞机火箭加速器的工程师们，以及一些相关工作人员都坚决反对此次发射。工程师们担心低温会造成火箭的封胶口变脆，以至于不能把过热的气体封住。专家们在回忆此事时提到，在发射任务之前，他们已经警告过美国宇航局，如果造成飞行失败，完全归罪于决策层的失误。距离发射的前一晚，专家们再次向宇航局官员提出了自己的建议。一意孤行的宇航局的官员们却坚持本次发射。某相关官员后来证实说：“我们都陷入思考的过程，但没有人试图找出一些迹象来证明它们不能工作。”Thiokol的首席执行官还宣布说：“关于管理决策，我们会马上做出选择”。

为营造一致同意的错觉，这位执行官只让管理者为这次的太空飞行进行投票表决，而把工程师排除在外。做出发射的决策后，一名工程师又一次提醒了宇航局官员：“假如这次发射出现意外的话，”他接着说道，“我预言我最后不得不做那个为此次事件解释的人。”最后，宇航局的首席执行官“力排众议”，自信满满地被挑战者“上了一课”。

实验联想：

挑战者号事故调查小组总结道：“技术的原因与组织的原因在挑战者号事故中不分伯仲，泡沫材料撞击上升中的航天飞机与事故关系密切，而宇航局的组织文化也是一样难逃罪责”，另一个重要原因便是“屏蔽了关键安全信息的有效沟通，抑制了专家意见中的不同声音”。

测测你自己：在团队中你属于什么角色

下列每道题都有八句话，分配的原则是：做每一题时，你手上都握有10分，最能体现你行为的选项给出最高分，其他选项的分值依此递减。最极端的情况也可以把10分全部给其中的某一选项。将分数填入后面的表中，前提是你根据你的实际情况，你在哪一项中的得分最高，那就意味着你是什么角色，看看你在群体迷思这个问题上，是个参与者还是个突破者。

01. 我能为团队做出什么贡献：

A. 快速把握机遇；

B. 和任何人都能保持良好的合作关系；

C. 我天生就是个军师；

D. 我善于发掘人才，所以我是伯乐；

E. 我靠自己的能力完成工作；

F. 如果能让事情往好的方向发展，暂时的冷遇我是会忍受的；

G. 我的可贵之处在于知道什么是可能的，什么是不可能的；

H. 在做出选择前，我不带倾向性，且提议不带偏见性。

02. 在团队中，我可能有的弱点是：

A. 我会因会议的失误和混乱而感到不快；

B. 那些有高见而又没有适当地发表出来的人，我容易对他们表现得过于宽容；

C. 每当大家在讨论新观点时，总是我说得最多；

D．我很难和同事们打成一片，就因为我和他们的看法不一致；

E．我偶尔会给人带来独断专行的感觉，尤其是在必须把一件事情办成的前提下；

F．因为我太注重集体团结，我会收敛自己的个性；

G．对于正在进行的事情，我的思想总是会开小差；

H．同事们总认为我有不必要的担心。

03．当我与其他人共同进行一项工作时：

A．我有影响别人的能力，不是在我给别人施加压力的前提下；

B．我是一个特别讨厌粗心的人；

C．我愿意施加压力以换取行动，确保会议不是在浪费时间或离题太远；

D．我总是能提出独到的建议；

E．我总是乐于支持和大家共同利益有关的积极建议；

F．我热衷寻求创新的思维和发展；

G．我认为自己的判断力有助于自己做出正确的选择；

H．我做基本工作都表现得井井有条，这是我最让人放心的一点。

04．我在工作团队中的特征是：

A．关于我的同事，我有兴趣对他们了解更多；

B．我经常用自己的意见挑战别人的见解；

C．作为辩手，我常常能够找到论据反驳对方的论点；

D．一旦确定一项工作，我就有了动力；

E．我不太在意出人头地；

F．不管做什么工作，我都力争完美；

G．我喜欢和非团队的外部人士联系；

H．我会在必要的时候下定决心，不会受到其他观点的影响。

05．在工作中我得到满足，因为：

A．我是个喜欢分析的人；

B．我喜欢寻找解决问题方案的过程；

C．我感到，我在促进同事间良好的工作关系；

D．我能对决策有强烈的影响；

E．我能适应那些有新意的人；

F．别人会因为我而在某项必要的行动上达成一致；

G．我觉得我就是那种全心全意投入工作的人；

H．我开心我找到了一个展示个人才能的平台。

06．如果突然给我一件困难的工作，而且时间有限，人员不熟：

A．在找到解决方案之前，我会一个人窝在角落，设定一个脱困方案；

B．我喜欢和态度积极的人一起工作；

C．我减轻工作负担的方法包括用人所长；

D．紧迫感会让我不甘落后；

E．我思考问题时，常常能保持冷静，思路清晰；

F．不管困难多大，我也会坚持到底；

G．我会采取积极措施去推动没有进展的集体工作；

H．我愿意集思广益，激发创意和灵感，更好地开展工作。

07．对于那些在团队工作中或与周围人共事时所遇到的问题：

A．我很讨厌那些阻碍工作进度的人；

B．别人评价我是个缺少直觉而太重分析的人；

C．我有做好工作的愿望，能确保工作的持续进展；

D．一两个有激情的人才能让我厌烦情绪消失，继而振奋起来；

E．我起步困难的原因在于目标不明确；

F．当我遇到复杂的问题时，我不善于澄清的缺点显现无遗；

G．当我面对我做不到的事情的时候，我会寻求别人的帮助；

H．当我和别人的观点发生摩擦的时候，我没有把握使对方理解我的观点。

题号		IMP		CO		SH		PL		RI		ME		TW		FI
01	G		D		F		C		A		H		B		E	
02	A		B		E		G		C		D		F		H	
03	H		A		C		D		F		G		E		B	
04	D		H		B		E		G		C		A		F	
05	B		F		D		H		E		A		C		G	
06	F		C		G		A		H		E		B		D	
07	E		G		A		F		D		B		H		C	
总计																

测试结果：

实干者（IMP）：是非常现实的实干家，传统观念很强，计划周密，十分刻苦，解决问题时喜欢用系统的方法；你的自控力和纪律性都十分出色，是个绝对的忠诚者，注重集体利益而看轻个人利益。

协调者（CO）：是一个能够引导不同技能的人向着共同目标努力的协调者。这样的人成熟、自信、办事客观，做事从不带个人感情色彩；即便没有权威，你也很有号召力，在交际中善于发掘每个人的优势所在，并将他们的优势加以利用，大家正是因为你的这种高瞻远瞩的魅力而对你产生敬意。

推进者（SH）：目的明确的推进者，做事说做就做，他们自发性强且办事效率高，对工作有高度的热情和成就感；遭遇困阻时，他们总是能够在第一时间找到解决方案；性格外向的推进者大都干劲十足，他们好胜心极强，但缺乏一些亲和力，典型的竞争意识强的角色。过分自信导致了他们遭遇失败时的强烈反应。

创新者（PL）：他们思路开阔拥有非凡的创造力，并且具有极其丰富的想象力；他们是天生的“军师”，但有时候他们的一些想法缺乏实际性和具有偏激性的特征；不拘小节的他们很难遵守规则；对于性格内向的他们来说，人际交往是他们的弱项。

信息者（RI）：他们待人热情，性格外向的他们天生喜欢与人交往，喜欢聚会与交友，在人际交往过程中他们不断获得新的朋友，可以说他们是不折不扣的交际大师。

监督者（ME）：他们天生具有理智、冷血等气质，外表冷漠的他们总是和别人保持着一定的距离，也可以说他们是团体中不受欢迎的人；但他们却拥有超出常人的批判能力，在做选择之前他们总是思前想后，谨慎到选好最佳方案为止，换而言之，他们几乎就没出过什么错误。

凝聚者（TW）：积极的他们温文尔雅，善解人意，他们总是能站在别人的角度替人着想，懂得灵活处世的哲学；他们适应环境的能力很强，在团体中他们不会对任何人构成威胁，正因如此，他们在团体中备受欢迎。

完美者（FI）：做事注重细节的他们具有非凡的毅力，他们做任何事情都力求完美；性格内向的他们，不需要外界的刺激，就会产生对工作巨大的渴望和热情；但他们的缺点是凡事事必躬亲，不愿交给别人去做；那些随随便便的人更是让他们无法忍受。

小贴士：团体迷思

团体迷思（亦作团体盲思，英文：Groupthink）是什么意思呢？意思是在团体决策过程中，成员因为共同的喜好而使意见保持一致，但从另一个角度来看，这样的团体又缺乏思维性，不能进行客观分析。某些值得利用或是具有创新的提议，在团队中得不到认同。有时候导致团体作出不合理、甚至是重大错误的决定就是源于团体迷思。即便是有个别团队成员赞成比较具有创新的提议，但迫于“敌众我寡”团体迷思的压迫，最后也只能屈服。

八项表现形式、八项诱发的前置因素、及七项对群体决策过程及结果的影响就是团体迷思模型的主要构成框架。

★ 八项诱发团体迷思的前置因素

①群体高度凝聚力。

②群体隔绝外界资讯与分析。

③命令式领导。

④决策规范缺乏条理。

⑤群体成员背景和价值观的相似性。

⑥来自外部威胁以及时间限制的压力。

⑦团体没有信心寻求比领导所提出的更好的方案（可能因为领导具有强大影响力）。

⑧成员自尊心低落（可能由于刚经历失败）。

★八项团体迷思的表现形式

①无懈可击之错觉：过分的盲目乐观，让团队忽视了身边潜在的危险，意识不到做出的选择具有危险性。

②集体合理化：决策很合理，但团体由于忘记了外来挑战，在如何将决策合理化的问题上耗费了过多的时间，而忽略了重新审视和评价决策的重要性。

③对群体道德深信不疑：团体成员认为大家一致做出的选择不存在任何问题。因此忽视道德上的挑战。

④对外偏见：倾向地认为任何对团体提出的质疑和意见都是恶意的，故不屑与之争论；或者总认为自己团体的抉择是正确的，无须更改。

⑤对异议者施加压力：对群体不同的建议者，他们不是找出合理论据进行辩驳，而是用“压倒性”的“优势”让别人屈服。

⑥自我审查：如果团体中有成员对议题产生疑问，但又迫于群体力量大的缘故，没有勇气提出自己的看法。

⑦全体一致的错觉：群体压力造成了，乍一看所提议题没有任何不妥之处，却不从全盘思考议题的可能性。

⑧心灵守卫（mindguards）：某些成员会有意地扣留或者隐藏那些不利于群体决策的资讯和资料，或者是限制成员提出不同的意见，以此来保护决策的合法性和影响力。

★ 七项团体迷思对群体决策过程及结果的影响

①不全面研究替代方案。

②不全面研究决策目标。

③不考虑既定选择的风险。

④资讯搜集不良。

⑤资讯处理过程有偏颇。

⑥不重新评估当初放弃的选择。

⑦未制定突发情况的备用方案。

★ 团体迷思的防范

①群体成员懂得群思群策，集思广益，注重前因后果的分析；

②领导者没有倾向性立场，态度公正，恰到好处地防范了群体不良倾向性；

③领导者鼓励团队成员畅所欲言，大胆提出自己的想法，也鼓励大家提出不同建议和质疑；

④特定某位或是多位成员定位在提意见和反对意见的角色中，这样才能有助于更好地分析建议的可行性；

⑤将群体划分成小组单位进行会议商讨，然后再将各小组聚集在一起交流分歧；

⑥如果涉及的问题是关于对手群体的关系，则应将更多的精力投入到收集对手情报和对对手的战略研究上，通过分析确认对方可能做出的选择；

⑦预备决议后，应召开“第二次机会”会议，会议期间请每个成员提出质疑或是不同的看法，以期增加建议的成功率；

⑧可请团体之外的专家参加会议，并让这些专家提出自己的意见和不同看法；

⑨群体成员之间应积极交换意见，并将这些意见综合反馈给群体；

⑩将群体划分成不同的小组同时进行不同的议题商讨（最后决议在此基础上形成，以避免群体思维的不良影响）。

小 结

俗话说：三个臭皮匠，顶个诸葛亮。俗话也说：人多手杂反而碍事。其实两句话都有道理，但是人多办事引起的不良后果可能更严重，这种群体思维、群体行动，尤其是群体讨论，特别容易使群体成员最原始的观点得到加强。这种“群体极化”现象假设：群体中多数人的意见更容易得到认可，让原来提出这一意见的人更加坚信自己是正确的。这样，群体讨论的意义没有体现出来，而是变成了群体倾向性意见的支持加强；而原先群体中出现的发对呼声，也随着这种倾向性支持的加强而消失。而个人意见在群体讨论中，不论正确与否，因为这种气氛的压迫，一律都得不到采纳。很显然，集思广益这种积极的事情是不会发生在这种情况中，群体极化可能进一步导致悲剧的发生。

第十九篇 爱情迷宫

图 :《恋人的花冠》弗拉戈纳尔（1732—1806）

——这世上最具有魔力的，便是爱情了，所以她也容易最让人盲目。

经典实验：罗密欧与朱丽叶效应

爱情就像干柴烈火，它会变得愈演愈烈。在生活中也是这样吗？

罗密欧与朱丽叶的故事，我们都不陌生，这段激烈、永恒的经典爱情，是在两个有宿怨的名门贵族的家庭之间发生的。这对恋人的爱情经历了生离死别的痛苦，但这也使得他们之间的感情更加炽烈。

从爱情科学发展观的角度出发，我们发现当出现阻碍双方爱情发展的外力时，恋爱双方会变得越发相爱，彼此之间在对方心里的位置更重要。心理学将这种现象称之为“罗密欧与朱丽叶效应”。由于罗密欧与朱丽叶双方家族的世仇，双方家长极力反对他们的爱情。然而，他们并没有因家庭的打压而放弃彼此，最终，这对情人双双殉情而亡。似乎我们在不同的爱情故事中都可以找到“罗密欧与朱丽叶”式的爱情缩影。因此有人说，爱情就像是干柴，一旦被点燃，爱情之火将会越烧越旺。弗洛伊德也有类似的观点：“对提高情欲而言，障碍是必要的。”

1972年，91对已婚夫妇和49对相恋时间达到8个月以上的恋人成为心理学家德里斯科尔的重点研究对象。这些夫妇、恋人的彼此相爱程度及受父母干扰程度的影响是这项研究的重点内容之一。结果表明，父母越是出面干涉他们的爱情，他们之间的情谊就变得越深。后续的6至10个月期间，德里斯科尔对这些人又做了追踪调查，看看父母的干涉是否影响到了他们彼此之间的感情。结果再一次证明，父母的干涉反而让恋人的感情加深。

当人们受到外力干扰自己和恋人的感情时，人们反而越发坚定了和恋人在一起的信念，并大大提高了对恋人的喜欢程度。但这种情况仅只适用于约会期在18个月以内的新情侣。在现实生活中，强大的外在压力常常使得爱情的火焰难以继续燃烧。很让人意外的是，不顾父母强烈反对而结婚的情侣，都在不长时间内结束了婚姻关系。这显示出他们对抗障碍的本身已自我目的化了。

相关实验

A.“爱情毒药”

实验原理：爱情有时是蜜糖，有时却是毒药。

实验主持人：美国加州州立大学学者阿拉戈纳。

实验对象：田鼠。

实验过程及结果：

田鼠是动物界中终身一夫一妻制的动物，换而言之就是它们不会半路“离婚”。对此，加州州立大学的研究人员对田鼠的这种行为做了深入的研究，分析它们形成这种行为的原因，结果发现，当雄性田鼠和异性田鼠交配后，雄性田鼠的大脑中就会大量分泌多巴胺这种物质——这是一种能对人产生好印象的化学物质。研究带人员以“爱情毒药”来命名这种物质。

实验联想：

田鼠大脑某一区域上的“沟渠”会因长时间分泌这种多巴胺的物质而发生改变，人类大脑中也有这一区域。通过后续研究发现，当已经有“爱人”的雄性田鼠遇到新的异性时，雄性田鼠大脑中分泌出的“毒药”会被已经改变的“沟渠”导向另一个神经元，最后导致雄性田鼠无法对新的异性产生出爱慕之情。阿拉戈纳认为，田鼠实验引发的这一效应同样也会在人类中出现。换而言之，人总是对旧情难以割舍，归根到底是多巴胺的功劳。

B. 危桥上的约会

实验原理：当暴雨淋到爱情之火上，雨水往往会变成油。

实验主持人：心理学家达顿和阿伦。

实验对象：古今中外人间爱情。

实验过程及结果：

心理学家达顿和阿伦让一位女性做主试，两次测试的地点一个在一座高230英尺的吊桥上，另一个则是在高10英尺的石桥上。受试者均为男性。两次实验程序一样：受试者接过女主试递来的题目，受试者按照题目完成后，女主试对他说："如果你想知道做这次测试究竟是为了什么，你可以给我打电话。"女主试随即留下了自己的电话号码。结果表明，相较于石桥上的男子而言，吊桥上的男子主动和女主试联系的比例更高。这个实验同时也证明了一点，促使青年投入恋爱的因素之一就包括对生理唤醒状态的认知评价。

实验联想：

经历风雨的恋人对彼此的感情更深，关键所在是：恶劣的自然条件促使生理状态变化，而恋人们会认为引起爱情的正是这种生理状态变化。

测测你自己：假如你化身为彩蝶

如果你是一只彩蝶，面对那姹紫嫣红，你愿栖息在哪种颜色的花上？

A. 白色　B. 黄色　C. 粉红色　D. 红色　E. 蓝色　F. 紫色　G. 黑色

测试结果：

A. 胆小且脾气冲，顽强的你会掩饰内心的感情。

B. 理性的你遇事喜欢思考，但暴躁是你性格中的唯一不足，因此你常常在考虑事情的时候表现得三心二意。

C. 你是一个性格直爽、活泼、浪漫且朝气蓬勃型的人。

D. 虽然有点以自我为中心，但你还是展现出了热情、豪爽的一面。

E. 遇事会冷静处理，有想法，喜欢掩饰自己的感情。

F. 爱憎分明，对艺术方面有独特理解和造诣。

G. 过分悲观的典型。

小贴士：爱情三角理论

爱情三角理论是社会心理学的一种说法，它认为激情、亲密和承诺三大要素所构成了爱情。情绪上的着迷代表了激情，而影响激情的重要因素则包括了个人外表和内在魅力。两个人心理上互相喜欢的感觉统称为亲密；两个人口头或内心的预期约定我们称之为承诺，爱情里最理性的成分就是承诺了。

斯坦伯格是耶鲁大学社会心理学家，他根据上述的三种要素将爱情划分成了七种不同的类型：

1. 喜欢式爱情：这种爱情没有激情和承诺，只有亲密，就像友谊一样。显然，喜欢并不能和爱画等号，而友谊更加不是爱情。但有些爱情是通过友情发展过来的。

2. 迷恋式爱情：这种爱情就像初恋一样单纯，没有激情和承诺。初恋的感觉总是让人刻骨铭心，但初恋的人们却少了几分稳重和成熟，初恋是一种本能导向牵引出的情感。

3. 空洞式爱情：这样的爱情缺少了激情和亲密，唯一有的只是承诺，典型的为了结婚的爱情。外表看上去这类“爱情”显得比较丰满，但内在缺少了实质性的内容。

4. 浪漫式爱情：这种爱情没有承诺，只有激情和亲密，坠入这种“爱河”里的恋人更加注重过程，他们对结果满不在乎。

5. 伴侣式爱情：这样的爱情中缺乏激情，有的只是亲密和承诺。这样的爱情简直就是空洞式“爱情”的翻版，缺少激情那还能称之为爱情吗?

6. 愚蠢式爱情：这样的爱情里只有激情和承诺，缺乏亲密感。没有亲密的爱情最多只能算得上是生理冲动的结果，缺少了亲密的承诺就像是一张永远兑现不了的空头支票一样。

7. 完美式爱情：这种爱情是最完美的爱情，构成爱情的三大要素无一例外的全部包含在内。到达了这种境界，我们才会明白什么是真正的爱情。

聪明的斯坦伯格懂得在这些爱情前面都加了一个“式”字，他认为，前六种所列举的只能称得上是类似于爱情的感情，但其本质上还和爱情有很大的差距，只有第七种才是真正的爱情，而我们在现实生活中常常会遇到像前六种那样的“假爱情”，以至于忽略了真正的爱情。

然而，并不是将三要素凑齐就能构成真正的爱情，这三者的关系在长时间调节与磨合的作用下才能产生爱情。爱很简单，爱也很难，不管怎样，我们依然会在爱情的道路上风雨兼程。

小　结

男人结婚时的心理是：她值得我爱；女人结婚时的心理是：他真的爱我。

在伊甸园的故事中，当亚当和夏娃第一次相遇时，不禁惊呼：“哇！我们原来并不是一样的！”

爱情都是从产生差异的吸引开始。生命中奇妙而美好的事就是被那些和我们不尽相同的人吸引，我们都希望那个人在一定程度上能让我们更加完善。

但是，一旦两人踏入婚姻殿堂后，就会产生一种无形的力量，驱使其中一方产生改造对方为自己理想化的状态。产生这种想法是可以理解的，因为按照常理，和一个与自己想法相同的人生活，无疑是一件快乐的事情。然而，这种想法只是一厢情愿的，对方并不会被你改造。

我们必须学会发现对方的特点，进而去习惯和喜欢这种特点，让彼此的差异都得到欣赏和拥抱，婚姻是相互的，只有充满了两个人影子的世界才是幸福的。

夫妻之间的差异能够发挥其真正美好效果的第一步就是先要会做你配偶的学生。也就是说，要懂得谦让，站在他的位置上去替他想想。理解是第一位的，试问一下自己，你知道爱人的喜好吗？他的优点和缺点是什么，他有怎样的生活习惯，自己和他的处事方式有何不同，不同在哪里？

第二十篇

情感的耐人寻味之处

国 鳒 绳合·勐·市兮太亵咋奸皂奥偪《绳合·勐·市兮

——还有什么比母爱更无私，还有什么比情感更耐人寻味。

经典实验：斯德哥尔摩症候群

1973年8月23日，瑞典首都斯德哥尔摩的一家银行里，两名犯有前科的歹徒——欧陆森与欧佛森绑架了一男三女四名银行职员，并且挟持人质长达六天（约131小时）之久。当时，警方很快就到达了现场，迅速在银行外荷枪实弹实施了包围，并派出谈判专家与劫匪交涉。劫匪提出条件让警察先撤走，警方没有答应，事情就这么一直僵持着。第六天时，双方谈判才有了一点进展，绑匪把四个人质推出来，沿着警方指定的一条路逃走。追过来的警察想一箭双雕，既想救出人质又想抓住逃犯。但怪事就在追捕时发生了，四个人质居然主动当起了绑匪的掩体，甚至大声叫匪徒逃命，其中一个女人质还替绑匪挡了一颗子弹。

更让人吃惊的是，这起事件发生几个月之后，四名遭受挟持的银行职员仍然对绑架他们的人显露出怜悯的情感。两个绑匪没有被人质指证，人质甚至还替绑匪去筹措请律师的辩护资金。据说，当中一名遭挟持的女职员克丽斯汀娜，后来与绑架她的绑匪欧陆森在其服刑期间订婚。

社会科学家们对这一事件产生了浓厚的研究热情，他们想要弄清楚这背后到底是怎么回事。后来的研究显示，这起事件并不是特殊个案，而代表了一种普遍的心理反应，这就是著名的“斯德哥尔摩症候群”的由来。

人质情结就是斯德哥尔摩症候群的俗称，是指受害者对罪犯产生感情，甚至想帮助他们逃脱的一种情结。在被劫持的这段时间里，被挟持者先是受到来自劫匪的生命威胁，在潜意识里逐渐放弃对劫匪的抵抗，当劫匪对被劫持者表现出关怀的情绪和行为时，如允许被劫持者小范围内活动，吃东西等，受害者会逐渐对劫犯产生同情与认同，甚至有崇拜的心理，直至最后站在劫匪的角度看待整个事情，衍生出共同依赖的现象，认为彼此的命运是不可分的。

心理学者据此强调，依赖感较强和很感性的人如果遇到类似的情况，斯德哥尔摩症候群很容易在他们身上发作。这种对伤害自己的人不怨恨，反而抱有认同、崇拜甚至喜爱的正向情绪不免给人一种稍嫌扭曲的感觉，但也说明人是一种感性的动物，我们时时刻刻都需要情感，而这种必需品在危难的情形下越发显得弥足珍贵。

相关实验

A. 宣言的奥妙

实验原理：更多的时候，人是一种感情动物。

实验主持人：美国心理学家哈特曼。

实验对象：某个城市里的居民。

实验过程及结果：

哈特曼是美国著名社会心理学家，他曾做过这样一个调查，至今仍影响深远。在一次选举之前，为了发现选举时情绪和理性对人们行为的不同影响，他把一个城市里的居民划分为三部分进行了实验。哈特曼准备了两个内文不同的宣言，其中一个带有浓厚的感情色彩，生动地描写了这个党如果在选举中失败将会产生的悲惨后果；另一宣言则用理性思辨的方式来说明该党失败后所造成的不可收拾的局面。然后，哈特曼同一时间将这两则宣言印发了出去。

结果，在散发具有感情色彩宣言的地区，选民投票赞成数远远高于理性地区，而什么宣言也没得到的地区给出的赞成票数是最少的，哈特曼据此推断，感性的宣传更容易比理性宣传打动人，大打情感牌才是王道。

实验联想：

人们常说：爱之愈切，知之愈深；知之愈深，爱之愈切。知和爱互为因果。一个人的自觉行动、一个群体协调一致的行动，总是感情和理性相一致的产物。当人们的感情和理智处于矛盾状态时，他们的行动总是摇摆不定的。有些时候，理性要求人们去行动，但感情上却接受不了。事实证明：感性呼吁比理性呼吁更能打动人，更能让观众的态度发生改变。这也应了一句俗话：吃软不吃硬。

B. 很多人都需要拥抱

实验原理：相比于物质，拥抱更能感动我们。

实验主持人：美国威斯康星麦迪逊大学心理学家哈洛。

实验对象：刚出生的小猴子。

实验过程及结果：

刚刚出生的小猴子被哈洛强行与别的猴宝宝还有猴妈妈分开。哈洛发现关在笼子里的小猴子很是喜欢笼子地板上的绒布。每当它睡觉的时候总是习惯紧紧抓着绒布，一旦有人动这块绒布，它就立马和人翻脸。

哈洛接着又用铁丝做了一个假的“猴妈妈”，并在这个假“猴妈妈”胸前装了一个奶瓶子；然后，哈洛又用绒布做了假的“猴妈妈”。哈洛在他的实验报告中这样写道：“一个母亲温暖、柔软，另一个母亲则充满了无限耐心，并且提供全天奶水服务　　”哈洛观察着一群猴宝宝的一举一动。一连几天，猴宝宝始终表现出对绒布“妈妈”恋恋不舍的样子。而对于铁丝“猴妈妈”，它们只有在饿了的时候才会跑到这个“妈妈”那里喝几口奶水，吃饱喝足之后，小猴子们再次回到绒布“妈妈”的怀抱。如果有人向笼子这边做打人动作的话，绒布“妈妈”则成为猴宝宝们的庇护所。

实验联想：

根据这个实验，哈洛认为，在和宝宝接触之前，最好不要选择握手的方式，而应直接拥抱他。这个实验证明了：构成“爱”的元素之一就包括接触所带来的安全感与安慰感。同样，对于大多数母亲而言，拥抱刚出生的婴儿，将会是一份无比美妙的回忆。还有许多实验证明，降低婴儿初来这个世上的不安和恐惧的最好的方法就是妈妈将他拥入怀中，婴儿因为感受到人体的温度和熟悉的味道，逐渐和妈妈建立起良好的感情。

测测你自己：你给别人的关怀够吗

动物园里的猴笼里有一只猴子。走近了看，它的表情相当烦闷、痛苦、无奈。如果你是猴子的饲养员，你会怎么做让这只猴子的心情转好呢？请选择一项做答。

1. 拿香蕉给它吃。
2. 把它和其他猴子放到一起。
3. 拍拍它的头部，安抚它一下。
4. 什么也不做。

测试结果：

选1：此举表现不出你的爱心。

选2：这是最佳方案。你能站在猴子角度上去想，它的烦恼根本就不是人能解决了的。

选3：看似和善的做法，却是治标不治本。

选4：此举只能说明你是个冷血动物。

小贴士："饥渴的皮肤"

心理学家认为，当婴儿诞生的那一刻起，就有一种天生的皮肤饥渴，只有通过充分地抚摸和拥抱才能健康成长。这种"皮肤饥渴"会随着孩子的成长而日益增强，"皮肤饥渴"有什么表现呢？

不知你有没有发现一个现象：孩子对毛绒玩具异常喜爱，常常把它们当宝贝一样抱在怀里不肯撒手，那是因为毛绒玩具手感顺滑，可以给人们带来温暖、舒适的接触感，消除孩子的皮肤饥渴。

当孩子长大成人之后还会有“皮肤饥渴”吗？实际上，这在成年人的身上也同样存在。由于各种压力的存在，成年人更需要为皮肤“解渴”。这让人不由得想起有段时间在我们身边兴起的“抱抱团”活动。

美国人贾森·亨特是最早向世界推行这个活动的人，去世的母亲给了他创造这项活动的灵感。亨特抱着写有“真情拥抱”字样的纸牌穿梭在家乡的大街上。一个路过的姑娘成了他第一个“真情拥抱”的人。当时，姑娘一看到抱着纸牌的亨特就向他张开了双臂。也就是从那一天开始，这个关于爱和分享的“真情拥抱”运动在全美流行。

一位名叫Juan Mann的澳洲男子于2006年在悉尼市中心手举“真情拥抱”的牌子，在全球化的网络平台上“推销”了这项运动。大家纷纷走上街头向他张开双臂，体验着人与人之间的温暖。

在如今这个科技高速发展的社会中，我们可以通过网络和大洋彼岸的陌生人聊天，但是我们忽略了最珍贵的。我们身边的人。你喜欢和大洋彼岸的陌生人在网上大侃特侃，却忘记对自己的邻居打声招呼。“真情拥抱”告诉我们的是：你今天拥抱了吗？Mann说：“这是一种拉近人与人之间距离的运动，这有助于笑容在大家的脸上绽放。”想想每天在大街上遇见的陌生脸孔，因为冷漠，因为防备，我们始终选择保持距离。

难道你不觉得一个大大的拥抱，可以将彼此间的冰凌融化，可以给对方温暖，可以让自己感到幸福吗？

小　结

情感是什么？就像一千个人心中有一千个哈姆雷特一样，每个人心中对情感的定义也各不相同。这是因为人是有主观情感的动物，我们会爱、会恨、会乐、会愁……只有在情感满足的过程中才会发展。

人本心理学的创始者亚伯拉罕·马斯洛提出的“需求五层次”理论认

为，我们的需求按生理的需要（通常所谓的衣食住行）、安全的需要（稳定、依赖、免受恐惧、焦躁与混乱的折磨）、归属的需要（在团体中爱与被爱的感觉）、尊重的需要（外界对自我的尊重和自己对自我的尊重）以及自我实现的需要（使自己的潜力发挥的倾向）排成由低到高的需求梯队，是一个需要满足后再追求下一个需要，其中情感归属的需求是连接由低到高的关键层次。

如果一个人归属的感觉得到满足的话，他能更好地发展出对自我的尊重甚至发挥出自己的潜能；反之，如果一个人渴望在团体和家庭中得到的爱与被爱的感觉落空的话，他就无法找到自己的位置，更不用说发展出自我的尊重甚至发挥出自己的潜能，情感的缺失有时更会生发出畸形的苦果。

善待每一分情感，情感才会善待我们每一个人，不是吗?

第二十一篇 婚姻攻略

图 :《不相称的婚姻》普基寥夫（1832—1890）

——其实婚姻这“围城”，何尝又不是幸福的港湾呢？怕就怕我们不愿意去尝试。

经典实验：交叉的圆圈

一位动物学家以澳大利亚巴克利高原的狼群为研究对象，在研究过程中他发现，狼群之间都有各自的领地，它们的活动半径大约是15公里。当这位动物学家将这三个狼群的活动范围以圆圈的形式画在纸上的时候，他惊奇地发现，这是三个相互交叉的圆圈。换而言之，这些狼群虽然各有各的领地，但是有一部分是交叉的。

某年，这位动物学家应邀去希腊参加一个学术会议，与会期间他发现，原来早在两千多年前的希腊人就发现了这一现象。希腊人用圆圈代替城邦，用几个相交的圆来表示城邦间的融合和独立。在希腊人的理念中，城与城之间是不能绝对融合与独立的。只有处于这两者状态中的城邦才是最具有生机的，希腊也因此才是最安定团结的，因此他们在参加神庙祭拜时，会把圆圈当成图腾一样来敬奉。

动物学家发现，群体动物的领地范围一旦处于交叉状态，那么说明此时这个种群的繁殖能力强，相互之间的厮杀最少。如果领地一旦重合或处于相离状态，则结果相反。

这位动物学家后来将这一理论向世人宣布，随即在生物学和社会学界产生了轰动效应，有人认为这一理论有助于很好地解决国际争端问题，也有人认为这一理论代表了夫妻相处的艺术。

夫妻之间的关系就像两个不重合但交叉着的圆圈。夫妻之间的公共部分就是那交叉的部分，这里就是属于两人的温馨世界。不交叉的部分代表了各自的生活和隐私，任何恩爱夫妻都不能只有公共生活，没有自己的私生活。

相关实验

A. 婚姻算术

实验原理：计算婚姻的人，最终也会被婚姻计算。

实验主持人：英国伦敦大学数学家林德利。

实验对象：普通适婚人群。

实验过程及结果：

英国伦敦大学著名数学家林德利编写的“婚姻方程式”文章被《星期日泰晤士报》刊载，林德利认为男女双方最理想的结婚年龄是32（男）、27（女），如果男女双方的年龄已经到了适婚阶段，但还未作出结婚的选择，那么以后找到合适对象的概率会越来越小。林德利称，其理论依据是男性心理上存在一个找到伴侣的“期限”。比如，在16～60岁之间，男性可能会与多名女性谈恋爱，并从中找到最佳人选。

假设你开始寻找对象的岁数为Y，停止找对象的岁数你为X，然后将数字代入公式，就能算出你的“适婚”年龄M。公式如下：$M=Y+1/2.718\times(X-Y)$。比如，你18岁的时候就已经踏上了找寻“伴侣”之路，而你希望在40岁之前能找到陪伴你终身的对象，那么算出结果是26，也就是说26岁是你最为适合结婚的年龄。这个方程式其实是对回报递减定律的认同而已：随着年纪增长，机会会越来越少。根据这个公式，M是男男女女应由“寻找”模式转换到“实行”模式的岁数。

实验联想：

婚姻演变成可以计算的，任谁也无法轻易接受这种毫无温情的论调，可是事实有可能更残酷：爱情只不过是一连串生理反应中的一环……医学心理学研究表明：男女第一次见到对方的时候，如果双方都有好感，那么荷尔蒙就会分泌出睾酮和雌激素。如果这种好感持续下去，到了陷入爱情的阶段，就会分泌出辛巴胺和血清胺。血清胺能起到让人在爱中疯狂的作用。下一个状态的表现就会变成，男女双方的关系逐渐稳定，最后结婚。其实血清胺是爱情中最有趣的东西。血清胺的存在会让彼此之间将各自的缺点忽略。这些激素能维持较高的浓度，但大概也只能维持两年的时间。当然，我们也要相信，即便血清胺消失了，爱情仍然可以永恒！

B. 初始婚姻状态

实验原理：婚姻也需要物质作基础。

实验主持人：网民“阿可可”、《中国青年报》社会调查中心与腾讯新闻中心。

实验对象：网友。

实验过程及结果：

“你能接受一个没房没车的男人，并和他结婚吗？”这是2005年10月初某网站一个疯狂转载的帖子。短短几天内，就有18945人次点击观看这条帖子，并有500多条的跟帖回复。10月中旬，天涯社区里又出现和该帖类似的论点，网民们闻风而来，一时间这条帖子占据了天涯社区的“头把交椅”。紧接着，《中国青年报》联合腾讯新闻中心进行了一项相关内容的调查——婚姻有“起步价”吗？调查针对男女分开进行，参加本次调查的约有10050名女性和8962名男性。根据数据显示，超过半数调查者坚持“相信爱情”，同时，51.6%的女性和58.8%的男性认为，婚姻是有“起步价”的。

参与此次调查的47.4%的女性和39.3%的男性认为，“没车可以，没房是绝对结不了婚的”。除此之外，7.3%的女性不会选择没车没房的男人，11.6%男性表示“没车没房，是绝对不会结婚的”。这两个比例均不算小。

实验联想：

在婚姻的天平上，物质和精神哪个更为重要？婚姻的关键是否就是物质？生活在这个多元化的社会中，很多人在结婚前，总是会考虑对方的各种因素，对方是否能给自己带来幸福。情感、生理、长相、人品、经济、能力等都是考量是否结婚的因素，每个人对这些因素的侧重点不同。俗话说，“贫贱夫妻百事哀”，在爱情的基础上，有了物质作保障，婚姻无疑会更加稳固。除了物质和感情基础外，两个人的价值观、家庭背景和生活习惯的相同与否，决定了他们是否“门当户对”。从家庭背景这个角度出发，这甚至比感情基础和物质条件还要重要，毕竟这就是中国人的传统观念。而如果一对恋人无法对上述问题达成一致，那么他们是无法进入婚姻状态的。

测测你自己：婚姻在你心中是什么样的

不管你已婚、离婚或是单身，假如你想了解自己对婚姻的认识，不妨参加以下测试（只需回答“同意”或“不同意”）：

1. 有美好的爱情，就能有美好的婚姻。
2. 幸福的婚姻一定要有百分百的信任。
3. 婚姻是完全对等的伙伴关系。
4. 结婚可以实现所有的梦。
5. 借着婚姻，可以改造另一半。
6. 夫妻应该是最知心的朋友。
7. “男主外，女主内”是对的。
8. 丈夫的事业比妻子的事业重要。
9. 婚姻就是找一个好助手。
10. 夫妻间多竞争，能使婚姻更有活力。
11. 好配偶就应该让对方随时快乐。
12. 既是好配偶，就可在对方面前尽情地发泄情绪。
13. 夫妻彼此应了如指掌。
14. 如果一方不快乐，另一方一定有错。

15．生孩子往往能改善婚姻关系。

16．再不快乐的婚姻，也胜过破碎的家庭。

17．配偶若要求离婚，一定要设法强留。

18．清官难断家务事，婚姻若出现问题，要多问问朋友。

19．夫妻若有问题，不该对专业辅导人员说。

20．婚姻只要能维持现状就好，能拖就拖，无所谓。

21．如果婚姻失败，我这个人等于是完了。

22．如果对方有外遇，我之前所做的等于白费了。

23．我为配偶做任何牺牲都无所谓，只要他（她）爱我。

24．婚姻若不好，我在别人面前会抬不起头。

25．夫妻应经常同进同出。

测试结果：

1～5题，“同意”越多，就越说明你对婚姻的期待越高，但想象中的婚姻和现实中难免会有落差。

6～10题，如果这5条中你“同意”的较多，则说明你对对方的要求过多，你对配偶的期待程度很高，可婚姻的经营需要两个人共同维系的，所以双方要朝着一个目标努力。

11～15题，“同意”的越多，表明你是个对婚姻要求高品质的人，你很期待婚姻生活，因此，双方也会付出更多。

16～20题，“同意”的越多，说明你是一个理性对待婚姻的人。

20～25题，这5道题中你“同意”的越多，说明你对自己婚姻的愧疚之情，这种内疚的情绪让你久久不能自拔。

每5道题组成一个段位，如果你有3道题都回答“是”，那么你就应该好好反省一下自己对待婚姻的看法。还有一点要提的是，做这个测试，只是起一个提醒作用，你哪方面做得不妥，就提醒你在哪方面多注意一些，并不是一个绝对量化的指标。

小贴士：不相称的婚姻

在《不相称的婚姻》这幅画中，普基寥夫把所有人物都画得很大，有的甚至大小和真人一样。画中也包括作者自己的画像。1863年，普基寥夫在美术学院展出此画时，他当时的身份还是莫斯科绘画学校的应届毕业生。正如评论家斯塔索夫说的那样，此画得到官方的认可真是费尽了一番周折，画中没有火灾，没有杀戮……画的只是在教堂里的神父“毕恭毕敬地给洒满香水的将军——活的行尸走肉，与为了名利而出卖青春的哭泣的姑娘举行的结婚仪式”。画家用画笔勾勒出自己的亲身经历，画中人物有的确实存在，比如老头身旁的新娘，原型就是作者未婚妻的画像（难怪周围亲友团的画像那么丑陋），作者临终前都死不瞑目。

这幅画体现了妇女命运的主题。特写式的构图，展示了婚礼背景：一个十六七岁的少女和一老头儿成亲，神父替他们向神祈福，低着头的新娘表达出默认命运的心理，而满脸傲慢之情的老头儿新郎表现出操纵女孩命运的心理。画家牢牢掌握了这一社会病态现象，用绘画艺术描绘出恶毒社会对少女的摧残。

小 结

用围城比喻婚姻一点也不为过，城里的人想出去，城外的想冲进来，城里人渴望城外生活的多样性，城外人则希望过上像城里那样平淡、安稳的生活。我们理想中的爱人究竟是什么样的？是找个喜欢自己的，还是找个自己喜欢的？或许只有两个人互相吸引，互相喜欢，互相了解后，才能促成最好的婚姻。有时候幸福的婚姻就是平淡中带着真情，彼此相互适应，相互体谅和宽容。

有这么一句话：男人从不对自己的未来感到担心，直到他结婚后；女孩常常为她的未来感到担忧，直到她结婚后这就是城外人想进来的原因，他们渴望有个依靠，有个避风港，但却担心进了围城后才发现这不是自己想象中的样子，所以他们一直举棋不定，左右徘徊。但谁都会经历这一段历程，自己不迈出第一步，怎么就知道自己会后悔呢？幸福要靠自己的努力，幸福的婚姻更要靠自己的努力，没有什么不可以，围城并没有想象中可怕，进入围城后的人才会变得成熟，才真正明白家庭和责任的意义，什么事情都要彼此分担。

社会学家认为，组成社会肌体细胞的就是婚姻和家庭，假如缺少了健康的肌体、善良的人性和真挚的情感，那么我们也别谈什么幸福了，也别谈什么构建和谐社会了。一句话，幸福婚姻的含义：自由、平等和尊严！

第二十二篇 竞争与合作的关系

国 鳒 缟毙纾《引零黴释光 · 莰顾霂1830—1896龇

——唯有合作，才能实现双赢。

经典实验：困境中的囚徒

“囚徒困境”是美国普林斯顿大学的数学家图克在1950年提出的一个著名的博弈模型。他在担任斯坦福大学客座教授期间，在一次例行讨论会上，为了解释一名学生提出的理论，随手写了个例子在黑板上，这就是著名的“囚徒困境”。

“囚徒困境”的基本情况如下：警察抓住了联合犯罪的两个同伙，但因缺少证据无法对这两名罪犯进行指证。如果有其中一名罪犯承认罪行，那么罪名就将成立。为了获得相关证据并防止罪犯串供，警察将两个罪犯分开关押，并给他们同样的选择机会：假如他俩都不承认罪行，则他们会被判处妨碍公务罪，刑期为1年；如果两名罪犯中有一人承认罪行，那么坦白者会得到释放，而另一个拒不认罪的“选手”将会被处以8年有期徒刑；如果两人在同一时间承认罪行，他们会被各判5年有期徒刑。这两个囚犯深知，如果他们一直保持沉默，警察也将他们奈何不得，只要不承认罪行，警方就没有办法定他们的罪，他们就会得到释放。但警察也不是傻子，他们也知道这一点，所以他们就给这两个囚犯上了“一课”：如果他们其中一人将同伙告发，那么告发者会被立即释放，并且还会得到一定数额的奖金。而被告发的同伙，则会被判以重罪，并且罚款额度会以作告发者的奖金之用。当然，如果两人互相告发的话，两人的结局是都被判以重罪，而且谁也不会得到奖赏。

那么，这两名犯罪分子该何去何从呢？是坚持攻守同盟还是互相告发呢？结果是：由于两人已经失去了串供的可能，并且都追求各人利益的最大化，双方又互不信任，最后他们做出互相背叛的选择（各判5年），并且这个结果具有必然性，很难摆脱，因此这个博弈被称为“囚徒困境”。

从博弈角度观察（不涉及具体人），两人做出的选择很不明智（“聪

明反被聪明误”），因为既没有让团队利益得到实现，也没有将各人利益最大化。

古典经济学之父亚当·斯密有句名言：他受着一只看不见的手指导，去尽力达到一个并非他本意想要达到的目的……他追求自己的利益，不经意间就让社会利益得以实现。显然，困境中的罪犯只考虑到自己，最后什么利益都没有得到（损失个体利益）。总而言之，实现集体利益的前提就是先把各人利益放下，单纯从自身角度出发，往往会收到适得其反的效果。

双方不信任造成了“囚徒困境”的结果。但如果我们允许博弈中存在“有约束力的协议”，使得博弈双方采取符合集体利益最大化而不符合个体利益最大化的行为时，既得到利益补偿，也让各人和集体的矛盾克服，从而使博弈方的合作行为成为可能。

相关实验

A. 生存法则

实验原理：合则两利，分则两败。

实验主持人：美国加利福尼亚大学某学者。

实验对象：猴子。

实验过程及结果：

美国加利福尼亚大学的学者做了这样一个实验：在3间空房子里分别关放2只猴子，总共6只，一定数量的食物提前放置在房间内，但放置食物的高度是不一样的。第一间，地上放着食物；第二间，食物被分别悬挂起来；第三间，房顶上挂着食物。过了几天，专家们发现第一间房子的猴子有一只已经伤痕累累，奄奄一息，而另一只已经死了。第三间房子的猴子全部死亡。只有第二间房子里的两只猴子全部存活。

可想而知，造成第一间房子的猴子一死一伤的原因是，它们一进门就看到了食物，为了争夺食物它们大打出手，最后酿成一死一伤的惨剧。那么第三间房子的猴子又是怎么回事呢？原来，因为食物被挂在房顶的缘故，两只猴子虽作了努力，但因难度太大，无法将食物取下，活活饿死在食物底下了。只有第二间房子的两只猴子先是依靠各自的弹跳力取下难度最低的食物，然后随着不断增加的高度，自己改变跳跃方式，一一将篮子中的食物取出，最后，难度最大的，它俩依靠个人能力谁都无法将食物取出，两只猴子最后通力合作，一只扶着另外一只跳起来，就把篮子中的食物取出来了，就这样，它们都活了下来。

实验联想：

并非只有人类才有合作精神，生物界中普遍存在合作精神。通过上述实验我们看出，合作在一定程度上是非常重要的。在社会的发展过程中，人与人之间只有相互协作，才能共渡难关，取得成功，如同第二间房子里的猴子。只有通力合作，才能将人类真正的能力和水平发挥出来，创造出更美好的未来。

B. 竞争

实验原理：我们往往因为私欲，而看不到更大的利益。

实验主持人：美国纽约大学家心理学莫顿·多伊奇等。

实验对象：一组普通女性和一组普通男性。

实验过程及结果：

1960年，心理学家多伊奇等人曾做过一个经典的实验。他们找来两个志愿者，让这两人分别充当两家运输公司的经理，他们的任务是让自己的车子从起点以最快的速度到达终点，速度和金钱挂钩，速度越快，则赚钱越多。有两条路线供这俩人选择，其中一条路线是个人专用线，只能供其中一个人使用，另一条是近道线路，两个人都可以使用。由于道路狭窄的缘故，近道线路无法满足同一时间通过两辆车的需求，因此要用此道的方法只有一个：双方合作，交替使用。研究的设计写得很明确，即便是二人交替使用这一线

路，多少也得花费一些等待的时间，但走这条线路就是比个人专用线快捷、方便。实验的结果表明，二人都不想合作，都想比对方快，那么窄的一条道儿，谁都不肯让对方先过，虽然也会偶有合作的情况出现，但大多数都是竞争的结果。

实验联想：

当实验者询问这两个参与实验的人为什么宁可投入竞争也不愿选择合作的理由时，他们表示自己希望战胜其他竞争者，他们并不在意自己最终得多少分，只关心能不能赢对手，战胜别人，好像得胜就能把个人价值体现出来似的。人们心理上倾向竞争的论断在该实验中进一步得到论证。显然，个体竞争与群体竞争还是有很大差别的。群体竞争，群体内部员工懂得互相帮助，目的是为了给集体的利益带来最大化，集体利益最大化，个人利益才能被提上日程。但面对个人的竞争，人们往往只是关心自己的工作，很少能把注意力放在互相支持上。

测测你自己：合作能力测试

1. 你急急忙忙开车去赴约，半路看见你秘书的车抛锚了，你会：

A. 毫不犹豫地下去帮忙修车

B. 告诉他/她你有急事，不能停下来帮他/她修车，但一定帮他/她找修理工

C. 装作没看见，径直驶过去

2. 在下班的时候，你某位同事因为心情不好，希望你留下来听他宣泄，你会：

A. 立即同意

B. 劝他等第二日再说

C. 以爱人生病为理由拒绝他的请求

3. 如果某位同事想去医院看望家人，请求你替他完成一项重要工作，

你会：

A．立即同意

B．找借口劝他另找别人帮忙

C．以工作太忙为由拒绝

4．如果某位同事的儿子想选择与你同样的专业，请你为他作些求职指导，你会：

A．马上同意

B．答应他的请求，但同时声明你的意见可能已经过时，他最好再找一些最新资料作参考

C．只答应谈几分钟

5．你在某次会议上的发言很精彩，你的同事想要你的发言稿，你会：

A．同意，并立即复印

B．同意，但并不十分重视

C．不同意

测试结果：

大部分回答“A”：你是个善于合作的人，善于合作并不代表你缺乏个性；礼尚往来在你看来是一种不可缺少的品质，你认为这样的品质适用于任何情况之下；你慷慨助人，也希望别人同样回报你。

大部分回答“B”：你常常以自我为中心，不愿意帮忙是不想给自己找麻烦，同时说明你是个喜欢安逸的人。但是，以你这样的为人，在你遇到困难后也很难得到别人的帮助。

大部分回答“C”：你是一个名副其实的孤家寡人。

小贴士：鲶鱼效应

挪威人特别喜欢吃活的沙丁鱼。因此，活沙丁鱼的价格要比死的沙丁鱼高。所以渔民总是想尽一切办法将活沙丁鱼带回来。虽然作出种种尝试，但

最终结果却收效甚微，大部分沙丁鱼在回来后就已经窒息而亡了。但却有一条渔船总会让大家感到意外，他们每次都能带回大量的活沙丁鱼。原来，该船长在装沙丁鱼的鱼槽里放了一种鲶鱼进去。鲶鱼进入陌生环境的鱼槽后，便四处游来游去。见了鲶鱼的沙丁鱼感到十分紧张，于是开始加速游动，四处躲避。最后，一条条活蹦乱跳的沙丁鱼就这么被带回来了。这就是著名的“鲶鱼效应”。

唐代诗人卢纶写的《塞下曲》这样描绘道，“林暗草惊风，将军夜引弓，平明寻白羽，没在石棱中。”大意是李广深夜外出，偶遇“老虎”。大惊失色的李广马上弯弓搭箭射虎。第二天早晨，李广派手下去寻找“老虎”尸体时，才发现原来是一块大石头而已。天色黑暗的缘故让李广误以为大石头就是下山的猛虎。只见石缝中还嵌着李广的箭。李广暗暗称奇，随即又对着石头开始放箭，可不管如何发力，箭却再也射不进去了。原来，人在高度紧张的情况下，往往会激发出超人的能量。

医学界称这种现象为“肾上腺素分泌过旺”，这种激素会让你迸发出惊人的能量。

当一个组织的工作状态相对稳定时，也意味着员工工作的积极性会逐渐降低，“一团和气”的集体不一定是一个高效率的集体，这时候“鲶鱼效应”将起到很好的“医疗”作用。有一位“鲶鱼式”的人物在组织中，那么该组织的业绩和工作效率就不用担心了。

企业领导层激发员工活力往往就靠“鲶鱼效应”这一措施。它有两个明显的特征，首先企业要不断挖掘有才干的新人，将这些生力军带入企业甚至是管理层，给那些逐渐降低工作热情的员工和管理人员一些刺激和竞争，才能唤起“沙丁鱼”们的求生意识。其次要不断地引进一切创新的东西，这样才能让企业不被进步的大潮所吞噬，增强企业的生存能力。

小 结

上帝与人在讨论有关天堂和地狱的问题。上帝对人说："我让你见识一下什么叫地狱。"

这个人被上帝带进一个房间。一群看上去瘦骨嶙峋、一脸饿相的人围着一大锅肉汤。虽然他们每人手里都有个汤匙，但因汤匙长过自己的手臂，自己无法将汤送入嘴里，只能眼睁睁看着肉汤叹气。

"来吧！再让你见识一下什么是天堂。"上此人又被上帝带入另一间屋子。屋内的一切陈设都和上一间屋子一样，一锅汤、一群人、一样的长柄汤勺，唯一不同的是那群人都身宽体胖，并快乐地唱着歌。

"为什么？"这个人不解其中的缘由，"同样的汤匙，地狱的人为何喝不到肉汤，而天堂的人却能喝到呢？"

上帝微笑着说："很简单，他们懂得互帮互助，彼此帮对方盛汤，最后大家都能喝到汤了。"

合作与竞争都像是在下一盘棋。古语有云，世事如棋。每个人在生活中就像棋手一样，怎样走好下一步，都要反复揣摩对手的意图，人人争赢，出现了很多后世难以解开的棋局。

相同的环境，为什么有些人让它成为天堂有些人却让它成为地狱呢？关键就在于，你是选择共同幸福还是独占利益。

第二十三篇

道德分岔路

图：《被缚的普罗米修斯》鲁本斯（1577—1640）

——在正义和强权冲突时，我想，我们心中都应该有个榜样——普罗米修斯。

经典实验：偷药的海因斯

科尔伯格是芝加哥大学道德发展与教育研究中心的主任，同时也是认知结构主义学派代表人物，“道德两难法”就是他根据儿童道德认知发展的阶段性提出的，这在儿童道德教育中产生了深远影响的作用。“一个儿童是怎样从无道德意识而变为有道德观的”是他在芝加哥大学任职期间从事研究工作的一个主题。他想向世人证明：人的道德判断能力是在儿童时代分阶段发展起来的。换而言之，儿童智力提升到哪一阶段就发展相应阶段的道德观。

科尔伯格有个著名的实验故事：欧洲某妇女身患绝症，命不久矣，医生说她的病只有该城市中最有名的药剂师新研制的药才能医好，这种药的配制成本只有200元，但销售价格却高达2000元。

这个妇女的丈夫是海因斯，为了挽救自己妻子的生命，他到处借钱，最终只借到了1000元。海因斯向药剂师恳求道：“求求您发发慈悲，我的妻子就快不行了，您的药便宜点卖给我，我就能救我妻子的性命，求您了。”药剂师用冷冰冰的口气回拒道：“我研制这种药的目的就是为了赚钱。”

被逼无奈的海因斯只能铤而走险，趁药剂师熟睡之际偷偷溜进仓库，把药偷走了。

科尔伯格虚构了这样一个道德两难的故事讲给孩子们听，随即他根据这个故事对孩子们提出了一系列问题，让儿童讨论，以此来研究儿童道德判断的依据。

1. 海因斯应该偷药吗？为什么？
2. 他偷药是对的还是错的？为什么？
3. 海因斯有责任或义务去偷药吗？为什么？
4. 人们竭尽所能去挽救另一个人的生命是不是很重要？为什么？

5. 海因斯偷药是违法的。他偷药在道义上是否错误？ 为什么？

6. 仔细回想故事中的困境，你认为海因斯最负责任的行为应该是做什么？为什么？

72个分别为10岁、13岁、16岁的男性少年儿童是科尔伯格此次的提问对象，这些参加测试的孩子中，每个年龄组各有一半来个上层家庭和下层家庭的孩子。这些问题没有标准答案，就看看孩子们是怎样回答的。

10岁的丹尼回答道：海因斯偷东西是不对的，他会被警察抓住。

13岁的唐回答道：药剂师那样做对海因斯的妻子不公平。为了赚钱就可以不管别人的死活。换成是别人，也会冒险去偷药救妻子的。我认为法官不会判海因斯监禁，法官也是有思想的。

13岁的安迪回答道：妻子对于海因斯来说是最重要的，所以海因斯会想尽一切办法来救她，我认为海因斯的选择是正确的。

16岁的乔治回答道：如果那药剂师有定价权的话，我认为海因斯那样做是错的。我能体谅海因斯的心情，换做是别人也会那样去做。站在法律的角度上看，海因斯这么做就是错误的，虽然我很同情他，我的观点就是这些。

根据孩子们的回答，考尔伯格将道德观发展划分为三个水平，六个阶段。

一、前道德水平

阶段一：根据行为产生的后果决定对错(受不受大人惩罚)。儿童在这个阶段对于其他人的利益还没有认识到，他们认为做“错”事是一定会受到惩罚的。

阶段二：是否满足本身快乐需要才能判断出对错。孩子做好事单纯为了换取同样的回报，自身需要也是一大前提。

二、道德观与传统要求一致水平

阶段三：使大人满意就是好的，这是参照“好男孩好女孩”的标准得出的结论。儿童开始认识到别人的利益需要以及自己在同别人关系中的作用。儿童想要满足大人的期望，并将信任关系持续保持。

阶段四：参照法律等标准，完成规定内的义务就是好。这个阶段的儿童开始按社会的观点来判断是非对错，认为遵章守法就是好行为。

三、形成自己的道德原则

阶段五：开始把公众认为对错的标准作为自己对与错的标准（尊重社会价值和公民权利），社会规定被人的道德判断开始超越，他们意识有时合法的并不道德，道德的但不见得合法。

阶段六：自己的世界观参照世界公认的准则、道德判断来进行发展，当一个特定的法律与适用于全人类的道德原则相左，他们会按照自己的道德准则行动。

结果证明，孩子的年龄越大，做出的回答越是接近高级阶段，尽管每个年龄中孩子有着不同的成熟程度。

科尔伯格的道德发展模式为我们勾画出：我们每个人的道德几乎都是按照这样的顺序发展起来的。按照不变的顺序由低到高逐步展开的过程就是道德发展过程，更低层次和阶段的道德推理方式为更高层次和阶段的道德推理所兼容；反之，则不能。

相关实验

A. 测试职业道德

实验原理：诚实，是一个人最宝贵的品质。

实验主持人：加拿大某电器零售公司。

实验对象：前来应聘的职员。

实验过程及结果：

加拿大一家电器零售公司给前来应聘的人员出了三道选择题。

第一题：你在过去的数年中，有没有偷拿公司东西回家的经历？

A. 从没有 B. 价值不超过5元 C. 价值不超过20元 D. 价值不超过100元。

第二题：你的同事拿了公司一元钱却没向公司申报，你认为老板以下哪种做法合适：

A. 批评 B. 阻止其提升或给予其降职 C. 开除 D. 报警，起诉该员工。

第三题：你在商店买东西，回家途中发现营业员多找了你一元钱，你会返回还钱吗（开车的费用超过一元）？

结果前来应聘的200人中，只有两个人成功地通过了这次考验。

实验联想：

答案是这样的：第一题选拿过就是错误的；第二题应选D项（在加拿大，即使是拿公司的文件回家去加班，也必须事先经过主管的同意，否则性质就很严重，属于偷窃，公司就完全应该起诉，更何况是一元钱的现金了）；第三题应该是还回去。这些让我们为之捧腹的答案，也让我们意识到社会对“信用”的看重。在西方文化圈里，个人信用是相当重要的东西。西方社会对什么都能容忍，就是不能容忍不守信用这一点，这是个原则性的问题，所以在西方人的眼里，一旦犯错绝对没有宽容的余地。在西方社会，一个人如果不讲信用，那么这个人走到哪里都混不开。所以西方社会很多在信用记录方面出过问题的人，都不得不改掉自己的名字，将自己过去不光彩的一面抹去。

B. 雨夜抉择

实验原理：讲道德的同时，也要讲方法。

实验主持人：读者。

实验对象：读者。

实验过程及结果：

某天晚上狂风暴雨，电闪雷鸣，你开着车经过一个车站。这时，车站有三个人在等车。一个是需要马上去医院的病重老人；一个是你做梦都想报答，曾救过你性命的医生；还有一个是你梦寐以求想娶的女人，错过了这次机会就再也没有机会了。可你的车只能容下一个人，你会做出怎样的抉择呢？每个人都有上你车的理由：人命关天，你应先送老人去医院就医；医生对你有救命之恩，救命之恩自当相报；梦中情人一旦错过，将会抱憾终生。有人的答案是：让医生开车带老人去医院看病，自己留下来陪心上人！

实验联想：

这是一个道德考验题，你是不是一开始就想到了这个最佳方案呢？如果没有想到，那是因为不想放弃我们手中所拥有的。有时，如果我们能放弃自己的固执、狭隘，甚至可以放弃一些我们的优势，可能我们将会获得更多。

测测你自己：你有怎样的道德取向

先阅读下面的小故事，再做出选择。

诺丁汉郡长抓住小约翰和罗宾汉并把他们关在地牢里，深爱着罗宾汉的少女玛丽恩恳求郡长释放他们。郡长提出要求，释放罗宾汉可以，但前提条件是玛丽恩嫁给自己，玛丽恩同意了。

罗宾汉和小约翰在第二天早上就获得了自由，罗宾汉追问玛丽恩是怎样做到让郡长释放他们的。玛丽恩如实相告，但罗宾汉怒骂玛丽恩是叛徒，并称玛丽恩再也不要出现在自己的面前，玛丽恩伤心欲绝。

小约翰在这时表达了他对玛丽恩的爱意，愿意一生一世都照顾玛丽恩，并要带她远走高飞。小约翰的表白被玛丽恩接受了，他们就此告别了诺丁汉。

提问：结合实际，你认为谁最道德，谁其次？

A．第一为小约翰，第二为玛丽恩

B．第一为小约翰，第二为罗宾汉

C．第一为小约翰，第二为州长

D．第一为玛丽恩，第二为小约翰

E．第一为玛丽恩，第二为罗宾汉

F．第一为玛丽恩，第二为州长

G．第一为罗宾汉，第二为小约翰

H．第一为罗宾汉，第二为玛丽恩

I. 第一为罗宾汉，第二为州长

J. 第一为州长，第二为小约翰

K. 第一为州长，第二为玛丽恩

L. 第一为州长，第二为罗宾汉

测试结果：

A. 你的心胸相当开阔，又能自得其乐。你认为善良至上，并试图将自己的理想融入到生活中。你缺乏安全感，不管是基于什么基础。你敢正视现实，处世圆通，喜欢交际，因此你的朋友不在少数。你缺乏冒险精神，但这并不会影响你的生活。

B. 谨慎的你做事显得有些中庸，不安全感充斥着你的内心。你认为人必有其价值，但你觉得自己的价值并不高。你难以做出对自己的评估，正是因为受到了自卑情绪的影响。在现实生活中，也许你是个理性主义者，道德至上者。

C. 你认为行为得当的代名词就是道德常识。在你看来，道德并不是普遍正确或宗教般的真理，你把可靠性和自身优点兼容。但是换个角度看，你又是个了无生趣的人，偶尔假正经的你，很容易在爱情上出问题。

D. 快乐的、高度自我平衡类型的人就是你，你喜欢和别人交往，别人也愿意接纳你。你质疑传统道德观的正确性。骨子里你是个容易满足的人。但有时候，作为一个小上级的你总是搞信奉自己道德标准的那一套，认为最合时宜的就是道德。

E. 你可能是个不快乐的人，你对自己的感情不满意，总体来说，你也是个缺乏信心的人。你渴望知道事情的本真，但不懂得享受生活的本身。

F. 你信奉诚实第一的原则。就你的角度而言，你认为道德就是真相。你讨厌别人将你看作是软弱无能之辈，你憎恨伪善，所以权威很难认同你。做事有些冲动的你，连自己的行为都很难预测。

G. 你的思想较为传统。你很可能觉得很多事情都违背了你的道德意愿，你获得快乐的途径是压抑自己的羞耻感。你把人比作武器，这种武器都扮演着邪恶的角色，你的父母很可能在你羞耻感的形成过程中扮演着重要角色。

压抑太久的你，是时候该得到解放了。

H. 社会惯例就是你的生活哲学。你并非像看上去那样无情，你其实只是个无个性、无趣的人罢了。别人的许可意见对你来说很难接受，你试图改变他们的标准，转而让他们相信你自己的标准。你对人怀着防备之心，因此你的生活也不太愉快。

I. 你对生活有些沙文主义的、过时的看法。你有着过时的价值观和原则，你不愿承认你不开心这一点。喜欢独断专行的你，道德已经不再适用于你了。

J. 你混乱的价值观让你显得不够成熟。怪里怪气的你是个食古不化的家伙，当你无法按自己意志行事时，你常常会恼羞成怒。女人在你眼里就是变化无常的动物。这可能是从你父亲处沿袭而来的生活观。

K. 你口口声声说自己是个现实主义者，甚至是个愤青。事实上，这只是你情绪化的表现。你喜欢白日做梦，不愿意正面现实。你不开心的原因都是你自找的。你的叛逆让你看起来就像一个被宠坏的小孩。你认为真相凌驾于道德之上，但你也能和不同意见的人打成一片。

L. 虽然你表面看上去很勇敢和乐观，但你骨子里已经透露出困惑的信息。完美、快乐的人生基本和你无缘，你也无法享受到爱的温暖和交流。.

小贴士：道德负心理

道德作为人们相互之间行为规范的总和，是依靠社会公共准则来约束的。同时，人的理性行为就体现了道德，道德的存在符合社会和大多数人的利益。毫无疑问，道德在现代社会中的作用是无可替代的。在注重物质生活的今天，大家更需要共同遵守行为准则和道德理念，来调节人际关系。

在生活中，让我们感到遗憾的是，不道德的行为总是时有发生。有人忽视道德；有人对道德不屑一顾，我们的社会形成了一股不正之风。通过对负道德行为者的心理动机的调查，国内学者试图找出负道德心理的形成所在。

我们将负道德心理俗称为不道德行为者的心理因素。以大学生的道德心理为例，学者们在某高校随机抽取了不同年级不同专业的122名在校大学生，对这些学生进行了一次道德问题问卷调查，其中负道德心理一题就是调查内容之一，即“你认为不讲道德的人之所以不讲道德，是因为他/她——”，要求受试者在选项中选出你认为最重要的选项为序，依次选择。结果统计如下：

无知心理：“不知道什么是道德”。有56人将其列为第一项，占参加调查人数的46%。如果分年级统计，那么大一参加调查的26人中有16人首选该项，占61.5%；大二参加调查的28人中有13人首选该项，占46.4%；大三参加调查的40人中17人首选该项，占42.5%；大四参加调查的28人中只有10人首选该项，占35.7%。分年级统计结果表明，对道德的无知心理，随着年龄和知识的增长，呈逐步递减趋势。

从众心理：“大家都这么做了，所以我也这么做”。有44人首选该项，占参加调查人数的36%。分年级统计中，大一的新生似乎更不愿意在不讲道德的问题上盲从，他们中只有5人首选该项，占19.2%；而大二、大三、大四的学生中分别有50%、35.7%和35.7%的人更愿意在不讲道德的问题上“随大流”，没有自己的主见。

侥幸心理：“做不道德的事不会受到惩罚”。有16人首选该项，占参加调查人数的13%。相比之下，大三、大四的高年级学生似乎更多存有侥幸心理，有17.5%和17.8%的人首选该项；而大一、大二的学生或许没有尝试过向道德挑战的滋味，仅11.5%、3.6%的人有过类似的体验。

反叛心理：“对社会和周围的人有反叛心理”。反叛心理中应包含过去我们常说的“逆反心理”。逆反心理常常是莫名的，而反叛心理却通常是有原因的。大学生们不太愿意选择该项，只有6个人首选该项，仅占5%，这说明随着年龄和受教育程度的增长，学生的心理开始成熟，相对于生理上处于逆反时期的中学生而言较为理智，处事多了几分思考，少了几分冲动。

小 结

道德一词，在汉语中可追溯到先秦思想家老子所著的《道德经》一书。老子说："道生之，德畜之，物形之，器成之。是以万物莫不尊道而贵德。道之尊，德之贵，夫莫之命而常自然。"其中"道"指自然运行与人世共通的真理；而"德"是指人世的美德、品行、王道。在当时道与德是两个概念，并无道德一词。

在西方，道德（Morality）一词解作"正确的行为"，属于伦理学的范畴。道德在不同的文化、哲学、宗教之中，有不同的标准。但普遍来讲人类世界有很大部分的道德观点是相同的。道德很多时候跟"良心"一起谈及，而良心就是推动作出良好行为的道德意识。

那么道德究竟是什么？有人说它是人类文明生活永恒的主题，这是因为它最集中地揭示人的社会性本质；最深刻地标记着每一社会的人文精神。最充分地折射每一时代人的生存方式与意义的话语。难怪康德如此感慨："有两样东西，我们愈经常愈持久地加以思索，它们就愈使心灵充满日新又新、有加无已的景仰和敬畏：在我之上的星空和居我心中的道德法则。"因此，当我们研究的目光投向道德这一深刻印证人类自身价值与意义的独特意识形态时，它预示着中国的现代化已经跨越了追求物质丰富和向外求索的阶段，进入了一个审视人自身行为与内在的精神气质，审视人的生存与发展的意义及价值的全新里程。

第二十四篇

人际吸引的魅力

国 皦 纡衢电学《扔馨断 · 劲依断霂1769—1830龁

——当你喜欢上一个人的时候，他的缺点往往会变成优点，我们应该警觉。

经典实验：善意行为也是有条件的

进化论心理学家勒达·柯兹迈慈和约翰·图比认为人们更喜欢帮助漂亮的人，即使他并不喜欢这个人。

在一项心理测试中，柯兹迈慈和图比给75名大学男生看了一些女人的照片，这些女人有的长得非常漂亮，有的则十分普通。研究人员要求受试者从中选出一位女人的照片，并心甘情愿为她做如下事情：帮她搬家具、借钱给她、为她献血、为她捐肾、游出一英里的路程去救她、冒着被烧死的危险将她从着火的房子中救出，甚至为了掩护她而去挡恐怖分子的手榴弹。这些大学生都心甘情愿地去牺牲性命为自己心中的女神去做些事情。

这些大学生们只是口头承诺，实际能做到的未必就像他们说的那样，但从后续的几次测试中看，这些大学生们的话，也许从某种程度上是真的。在几次分阶段的实验中，两位专家测试人们是否会一视同仁地对待所有人，不管她们漂不漂亮，如对她们诚实、为她们做出一些牺牲等。结果发现，人们并不是将善意的行为平均地分配给每一个人。例如，让两个女人走向电话亭，一个是漂亮的，一个是不漂亮的，然后让她们询问打电话的人："您有没有看到我丢的银币？"（电话亭里确实有一枚银币）结果，有87%的人归还了漂亮女人的硬币，只有64%的人将银币归还了长相普通的女人。另一次实验，是让两个女人分别站在路边求救，结果获胜的依然是那位漂亮的女人。

柯兹迈慈和图比的另外一次实验再次证明外貌对人们潜在的巨大吸引力：他们让研究员将一些填写好的大学入学申请书扔在底特律机场，并将一张便条附在申请书上，便条写明表格是女儿托付给父亲的，结果粗心的父亲给弄丢了。申请书的内容没有什么不同，只是其中的个人照不同罢了，有漂亮的，也有不好看的，结果那些贴着漂亮女人照片的申请书大多被寄了回去。

柯兹迈慈和图比指出，人们总是留心自己为他人做了些什么。之所以我们想方设法地去取悦那些漂亮的人，也不期望从她们身上能马上得到回报，是因为我们通过这样的方式来表明美也是一种身份的象征，也说明这是一种爱美的自然反应，尽管每个人对美的标准并不一致。

相关实验

A. 多看效应

实验原理：这世上本没路，走的人多了，便成了路。

实验主持人：美国心理学家查荣茨。

实验对象：大学女生。

实验过程及结果：

20世纪60年代，查荣茨做过一个试验：他先向这些女大学生出示一些照片，这些相片有的出现了二十多次，有的出现了十多次，有的只出现一两次。然后他请这些学生评价对照片中人的喜爱程度。结果发现，参加实验的人看到某张照片的次数越多，就越喜欢这张照片。同时，他又在另一所大学的女生宿舍楼里，随意找几个寝室，发给她们不同口味的饮料，然后要求这几个寝室的女生可以以品尝饮料为理由，穿梭在这些寝室之间，但见面时不允许交谈。结果发现，见面越是频繁，彼此的喜欢程度越大；见面没那么频繁，彼此喜欢的程度越低。

实验联想：

心理学上称这种对越熟悉的东西就越喜欢的现象为“多看效应”。观察一下人际交往中那些人缘好的人，他们个个都是发挥“多看效应”的高手：他们善于创造和利用彼此接触的机会，达到互相熟悉的目的，产生更大的吸引力。可见，若想吸引别人，就要提高别人对自己的熟悉程度，以此来增加别人对你的喜欢程度。因此，那些自我封闭的人，不会很容易让人对他产生好感，别人对他不了解，所以很难喜欢上他。

B. 晕轮效应

实验原理：“晕轮效应”往往和盲人摸象结缘。

实验主持人：美国心理学家戴恩·伯恩斯坦。

实验对象：志愿者。

实验过程及结果：

戳恨·伫恨断坤偕乾还栊(十)预宝骋鳒取诔耄挈刮(十)亚亵牧直爿鲊刃丹月魅力、无魅力和一般魅力三种，受试者必须对相片上的人做出一些评定，如婚姻、职业状况、社会和职业上的幸福等。结果，几乎所有受试者对有魅力的人都给予最高评价，仅仅因为相貌出众，就会被看成是高品质的人。这种现象被称之为“晕轮效应”。

实验联想：

所谓“晕轮效应”是指我们对人的认知和判断往往只从局部出发，进而扩散得出整体印象，最后对他人做出评价。这就像月晕（或光环）一样，从一个中心点逐渐向外扩散成一个大圆晕，所以我们也称这种现象为月晕效应。多数情况下，这种效应常常让人产生“以偏概全”的错觉，造成“一好百好”的假象。如果想提升自己的吸引力，也可以将“晕轮效应”加以利用。在人际交往中，可以采用先入为主的策略，将我们的优势展现给对方，无疑会给对方留下积极的印象。

测测你自己：你的魅力源自何处？

每个人都希望自己拥有吸引异性的独特魅力。但你的魅力源自何处呢？

测验开始：每一题选择一个你想要的答案，再依指示至下一题。

1. 你觉得自己需要减肥吗？

   总觉得还要再减一点 →2

   目前应该不需要 →3

2. 你通常都是以怎样的方式进行减肥呢？

   吃减肥食品或服用药物 →4

   运动或利用健身器材 →5

3. 你通常用什么方法来维持身材呢？

   少吃，节食 →6

   运动或生理按摩 →7

4. 你觉得自己是不是一个很容易禁口欲的人呢？

   不是那么容易 →6

   是的，习惯就好 →7

5. 你觉得减肥是一件很容易的事吗？

   不是那么容易 →8

   是，想瘦就瘦下来了 →9

6. 你常逛街购买衣服吗？

   很喜欢看新衣服，有时候也会买 →9

   还好，没那么注重穿着 →8

7. 你敢不敢从事刺激性的活动，例如蹦极、高空弹跳等？

   不是很敢，没人鼓吹可能只是观望 →10

   应该敢吧，那蛮好玩的 →11

8. 你房间里头非必要性的摆饰、装饰品多吗？

   仔细想一想，好像还不少 →11

   应该不多，至少跟某些朋友比起来 →12

9. 你认为自己是个很喜欢动手布置房间的人？

   虽然想，可是也蛮懒的，房间只要整齐不乱就好 →10

   很喜欢这样做，可以创造自己独特的感觉 →11

10. 你平常是否有阅读的习惯呢？

有，没事时很喜欢看一看自己感兴趣的书籍 →12

这样的习惯较少，较喜欢动态活动 →A

11. 你是不是一个容易“碎碎念”的人？

嗯，平常很喜欢说一些大道理 →12

一般，讲话多比较直截了当 →B

12. 如果给你选择，你会选择做一个？

漫画家 →D

小说家 →C

测试结果：

A型的人：你的魅力来自开朗、活泼。

个性开朗、活泼的你，常常将笑容挂在脸上，你充满激情，也很容易让身边的人感到快乐。异性比较喜欢这样性格的你，所以不用担心你交不到朋友。大多数人没有你这般乐观的心态。

B型的人：你的魅力来自直接、不做作。

个性十足的你，自己的想法总是显得特立独行，爱憎分明的表达说明你是一个比较直接的人。虽然你不能得到每一个人的欣赏，但你也不缺欣赏你的异性追求者。有一点需要改进，有时候说话不要太直，不要一吐为快，三思而后行。交一个朋友很难，但因为一句话就可能让你失去一个朋友。

C型的人：你的魅力来自气质、内涵。

你认为内涵才是你择偶的重要参考条件，你认为内涵是一个人最有魅力的地方。“书中自有黄金屋”，通过阅读可以提高自己的学识，也可以从中学会很多技巧。可能你的外表并不十分出众，但在和别人交谈过后，别人都因你非凡的谈吐而折服。唯一不足的地方就是你易怒的性格，这是有待改进的地方。

D型的人：你的魅力来自温和、善良。

你是一个温和的人。你不喜欢和别人争名夺利，冷眼旁观的你喜欢悄悄学东西，过自己安逸的日子，没有别人的打扰。虽然你不爱说话，但你的想象力是最出众的，和你相熟的人会被你的想法所吸引。缺点是常常多愁善感，有人因你流露出的悲伤不敢和你接近。

小贴士：相似互补

人们喜欢和与自己相似的人交往，这是人际交往相似性原则中所提到的。这并不是指客观上的相似性，而是人们主观感觉上的相似。实际相似性与感觉相似性还是存在一定关联的，而且实际相似性往往决定感觉相似性，但两者又不完全对应。诸如信念、价值观、态度和个性等品质都属于感觉相似性。

许多研究表明，喜欢和相似性是密不可分的。许多参加实验的受试者认为，别人和自己的相似度越高，自己就越喜欢这个和自己各方面相似的人。比如说，相亲时被介绍的双方彼此都是以这种相似性为依据的。

而当人与人之间的这些特点表现出太大的差异时，这样的人居然也能互相产生好感，归根结底是互补性原则。互补性原则是指人与人之间的特点相反而引起的相互吸引。比如说，支配型男性和被动顺从型女性也可以产生相互喜欢的感觉。喜欢和自己个性相反的人说明两者之间起到了互补作用。

小　结

乔治·桑塔亚那曾说过：“正是在我们的自然天性中，存在着一种激切的弥漫一切的情绪，这就是关注美、珍视美。如果忽视了我们心智的这种显著的力量，则对我们精神世界的任何描述都是不完全的。”如果提一个问题，人们渴望什么样的体形美，亚里士多德给出的答案是：“只要他不是瞎子，人就不会问这个问题。”人的心灵被美所俘虏，人的思想为美诱惑，因而让人感情上的熊熊烈焰被点燃。从古典哲学著作到现代各种关于美女的海报，都将人体的美描述和展现得淋漓尽致。

莫雷诺·J·L是美国社会心理学家，他在20世纪30年代提出了群体内人际吸引和排斥的社会测量，这可以被看成是人际吸引的科学研究的开端。从另一个角度可以说他的研究揭示了美与人际吸引的关系。

人和人彼此的相互吸引和喜欢的感觉是种积极的态度和情感，在现实生活中，这是一种彼此认识和情感联系的过程。人际吸引就是通过这种情感联系来诠释的。认同和别人在一起的倾向是人际吸引的一种表达途径，其中不涉及喜欢和对他人品质的评价与判断。喜欢或友谊是吸引的一般形式，而爱或爱情是吸引的终极形式。

信念、价值观和个性品质是人们在初期的交往中表现不出来的。此时，在这中间起到重要作用的是年龄、社会地位等，而此时也最能凸显美的价值。

人最公开、最外在的部分非外貌莫属，外貌是这个世界认为可以由此而得知其内在心灵的人的可见的自我。可能这个说法并不是绝对的，它没有说明最好的自己是通过何种形式表现出来的，但这并不影响它的真实性。学院派可能不重视它，对它嗤之以鼻的也可能是那些恃才傲物者，他们认为美是微不足道的，但总而言之，在我们的现实生活中，美给人的第一印象是不可忽视的。

第二十五篇 “社会促进”的利弊

国 鐮 拌单女隳《讨·荻昀·烬罕妾霂1824—1904鼩

——当我们的社会在促进发展时，相对应的也会出现让人发指的行为。

经典实验：社会促进原则

“人来疯”是形容孩子的强烈表现欲，尤其是在客人登门拜访的时候，他们常常表现出异常兴奋的状态。其实“人来疯”并不仅仅在孩子身上出现，凡是人多的地方，就会产生“人来疯”效应。这种现象尤其普遍存在于公开场合。

实际上，这种“人来疯”的行为，用心理学的术语称之为“社会促进效应”。社会促进效应，是指在工作时旁边有人观察，更容易使人产生兴奋感，结果导致工作效率的提升或是下降。

在最初阶段，人们只把注意力放在了提升效率这一块。特里普利特是对该项问题最早进行研究的心理学家。特里普利特要求受试者在以下三种情况下骑自行车25公里。1．独自骑行，结果表明，平均时速为24英里（1英里=1.61公里）；2．骑行过程中有人跑步陪同，平均时速为31英里；3．共同骑行，平均时速为32.5英里。

据此，特里普利特推断，人们在人多的场合会明显提升自己的活动效率。接下来，特里普利特的实验对象又换成了小孩儿，他让孩子们干一种活：绕鱼线。他将受试者分成两组，一组是一个一个单独地绕，另一组是大家集中在一起绕鱼线。结果表明，单独绕线的效率比集中绕线的工作效率要低百分之十。据此，特里普利特得出结论：单独活动的效率没有在集体中活动的效率高。

后来，心理学家又发现，社会促进效应并不是绝对会提高活动效率。通过实验心理学家发现，在背诵、写作、做题的时候，单独活动要比集中活动的效率高。如果在做上述这些活动的时候，身旁有人盯着，反而会心烦意乱，使自己的活动效率降低。

那么，究竟活动效率在什么情况下会提高或下降呢？不管是谁从事哪一种活动，总有熟练和欠缺的地方。如果熟练成分所占比重较高，那么活动效率就得以提高；反之，欠缺成分所占比重较高，活动效率将会降低。例如，我们小时候学写字，有的字写得又好又熟练，而有些字则写得还不太熟练。如果熟练成分所占比重较高，也就是说，我们能熟练写出大部分的字，那么就算身旁有人观看，我们的动力将会被激发出来，尽最大努力来展现自己，结果我们写出的字是又快又好。但是，如果欠缺成分所占比重较高，也就是说，我们不能将大多数字熟练写出，那么旁边有人看时，不可避免地就会感到紧张，越是这样，就越写不好，有时候连平时经常写的字也会想不起来，能写出来的字也是歪歪扭扭。

懂得了这些，我们就能更好地利用社会促进原则，并克服它的负面作用。当某项技能掌握到很熟练的地步，我们就可以在人多的时候展示出来，这样不仅能帮助我们提高活动效率，同时还能建立起我们的自信心。如果没有到掌握熟练的地步，那么还是不当众“献丑”为好，等到熟练掌握了再去展示一下。当然，有时候“献丑”也是迫于无奈。例如，足球比赛马上要开始了，球技不精也得上场啊。这时，上场后就应该抱着虚心学习和发挥出水平的态度来进行比赛了。

相关实验

A. 异性效应

实验原理：“同性相斥，异性相吸。”不单磁铁如此，人也如此。

实验主持人：造物主。

实验对象：某校学生。

实验过程及结果：

我们经常在生活中看到异性相吸所产生的奇妙作用。某校学生外出野餐，第一次男女分开而坐，男生吃饭时个个都像“饿死鬼”似的狼吞虎咽，吃了个精光；女生那边嬉嬉闹闹，饭菜都被浪费了。第二次男女生没有分席而坐，而是在一起吃饭。这次，男同学展现出彬彬有礼的绅士风度；女同学表现出温文尔雅、娴静淑女的一面。让学生去做同一项工作，全派男生去，不仅不能按时完成，还不能保质保量；若全派女生去还是不能按时完成工作；而派男女生一起去，男女生劳动的热情就会变得水涨船高，重活、脏活、累活男生们争先恐后地抢着干，女生也不示弱，工作会做得更加细致。我们称这样的现象为“异性效应”。“异性效应”存在于每个人的身上，青少年尤为明显。

实验联想：

这主要是因为男性比女性更喜欢通过视觉获得有关异性的信息，异性的容貌、发型、肤色、身段等外部特征都易引起他们的极大兴趣，并会对他们的感觉器官产生某种程度的冲击作用，使他们感到愉悦不已。另外，心理学家还发现，男性在女性面前的表演欲望大大增强，而表演欲望会刺激多巴胺的产生。多巴胺能够增强人的动机的神经传导，多巴胺分泌过旺会让人产生兴奋的状态。

同理，女性也会产生这种表演欲，只是较男生而言没有那么强烈，女性的这种表演欲也能刺激她们体内多巴胺的分泌，从而提高她们的兴奋度，让工作热情变得更加饱满。除了上述两个原因外，还有一点不可忽视，异性之间的性格互补，这种互补性在男女一起工作中充分体现。假如同性之间在一起工作，就不能产生这种性格互补，工作的效率也会随之降低。

B. 平常心的秘密

实验原理：当我们越渴望成功的时候，往往越容易犯错误。关键在于平常心。

实验主持人：德国某心理学家。

实验过程及结果：

实验过程：在穿针引线的时候，你越是集中注意力，越是不能顺利将线穿入。在科学界，“目的颤抖”是这种现象的学名，目的性越强就越不容易成功。在生活中这样的事例不在少数。表面看上去，很多失败都源于偶然，但其中却包含了失败的必然性，因为每个人都会有这样一个弱点：过于重视某件事情，就会产生紧张的心理状态；紧张就会导致心跳加快、注意力不集中、动作变形等一系列不良反应。很多人在关键时刻“掉链子”，心理紧张是关键因素之一。

实验联想：

张师傅是一名杂技演员，他的拿手好戏就是脚耍大缸，对这门技艺他可谓是驾轻就熟。在退役表演的那天，他邀请所有的亲朋好友全来观看自己的告别演出。然而，当人们为他高超的技术拍手叫好的时候，他却“马失前蹄”了：因一脚顶偏，他被重重的大缸当场砸得不省人事。事后别人问他：“您的技艺这么精湛，怎么会发生意外呢？”张师傅回答说：“那天，我一门心思想着是我的告别演出，一定要演好才不愧对那些来捧我场的亲朋好友，但就是因为总想这些让我在表演时分了神，就出事了。”不论做什么事情，我们都不能保证绝对成功，既然如此，我们在做某件事之前一定要做好失败的心理准备。例如，买彩票，大家都非常清楚能中奖的人屈指可数，我们大可不必那么在意买彩未中的结果。那么，我们每一次在下注的时候，就一定要做好不中的心理准备。这样我们就不会产生过高的期望，我们才能坦然面对一切结果，才能更坦然地迎接成功的到来。

测测你自己：你是容易受人影响的人吗

人云亦云，随大流，都是受他人影响的典型表现。你容易受别人的影响吗？

请使用下列四个条件画一幅画：①行人②树木③池塘④房子。

A．人比树木、房子大。

B．人比房子小，但比树木大。

C．房子、树木都大，但人小。

D．人的大小不属于ABC的情况。

测试结果：

选A：你容易受温和的异性影响，个性强势的人却没那么容易能影响到你。你是一个富有浪漫气息的人。

选B：你是一个个性极强的人，没有那么容易受到别人的影响，身处逆境的时候你往往能将你的优点发挥得淋漓尽致，勇敢选择自己该走的路。

选C：你容易被感情牵着走，但就理论而言，你却是个以理论事的人，这种率直的魅力就是你最大的特点。

选D：遇到和你相似的人，你就很容易被对方同化，彼此也会变得更加亲密 。同理，你的生活也与某个人互相维系。

小贴士：群体变化

每个人都可能有过类似的经历：一个人吃饭索然无味，几个人一起吃饭吃嘛嘛香；骑自行车时，骑车的人多了往往会达到更快捷的速度；在寝室看书没有在图书馆的效果好，个人有时候不见得对自己有约束力，容易分散精力；一群人看足球比赛才显得比赛更加精彩纷呈；身边的朋友都坠入爱河了，自己就会下意识地向他们看齐等等。类似这些现象被统称为“群体增量”。产生“群体增量”的原因是：操作的动机因竞争而增加，别人的在场增加了自己应激反应的频率。对此有人做了相关的实验，发现假如两个人在一起看书学习的话，学习效率要比独自一人的时候提高了很多；当旁人在场时，注意力虽然会有些分散，但是会更有约束力，使自己专心投入到学习中去。但也有人提出，身边的人太多容易影响工作效率。比如，在背诵和解数学题时，人多了反而会起到负作用。

群体是否能产生增量，主要取决于群体成员的协同方向和程度两个方面。如果作用相反，结果必然是负面的。举例来说，本来一个部门有3个人，这3个人都对工作投入了很高的热情，而且他们相互之间也配合得很默契。但后来又来了2个人，都因为感受到了良好的群体氛围而大大激发了工作热情，他们也干得不错。最后又来了1个人，不论从工作态度和责任心哪个角度而言，这个人都表现得不好，并且能力平平，但因为企业缺乏奖惩机制，他在小组中没有感到压力存在。这样的话，别人心中会滋生不公平的感觉，最后导致小组工作氛围改变，每个人都产生了懈怠和懒惰的心理。所谓的“社会闲散”就是这样，也就是说向最低目标看齐。再举一个例子，一个小组有5名成员，他们的工作氛围特别差，除了工作什么都争。若是安排进来一个做事认真的人，他们分分钟都干不下去。这些都属于协同的方向性问题。

协同的程度是指成员虽然目标一致，但难以给予彼此心理上和技术上的压力，因此，群体增量还是难以产生。

当然，群体增量效应也并非那么广泛，其也有局限性。一旦这中间的某一程序操作不当，就可能反其道而行之产生抑制作用，最终的效果也是相反的。所以，我们一定要慎重利用“社会促进效应”。

小 结

社会促进效应中所包含的管理意义，很早就为人所知了。早在工业革命期间，当时的管理者们就发现，如果同事在旁边注视，装鞋工人锤打皮鞋钉的速率会因此得到提高。

从这个观点出发，当时就有企业管理者为了激发工作人员的潜能，利用了群体的精神影响力这一手段来加强，他将员工们分成班组工作方式，这样建立起员工间良性竞争的伙伴关系，使员工在相互监督中迸发更大的工作能量，提升他们体现个人价值的美好愿望，从而达到“社会促进”的目的。

在今天，为了将“社会促进效应”最大化，将这种潜在群体之中的心理因素显性化、公开化，许多公司采用更大的集体办公室，即使是不同种类的工作，也只不过是以一层玻璃相隔离，借以刺激员工，提高工作效率。

有人认为，想要实现群体增量，就得建立一个优秀的“群体生态系统”。对于企业而言，内部用人机制、管理机制决定群体氛围，这三者是构成良性群体生态系统的主要因素。

第二十六篇

对冷漠说NO

图：《世俗花园》包茨（1400—1175）

——当冷漠侵入到我们的生活时，即便欢聚在一起，又有何温暖可言？

经典实验："漠视"效应

1964年3月，在纽约昆士镇的克尤公园发生了一起谋杀案，《纽约时报》很快以此为焦点，做了该报的头版头条，消息一出全美哗然。身为酒吧经理的吉娣·格罗维斯是一位年轻的女士，案犯温斯顿·莫斯雷在格罗维斯的下班途中将她刺死。案犯和被害者并不相识，还有两名妇女在此案案发之前就丧命于该犯之手。谋杀全程持续了半小时时间（莫斯雷刺中了她，离开，几分钟后又折回来再次刺她，又离开，最后又回过头来再刺她），之所以这起谋杀案成为全美焦点，是因为在作案期间，受害者反复尖叫，大声呼救，有38个人看到她被刺的情形，但就是没有人对她施以援手，甚至都没有人帮她打电话报警。

全美公民一致将矛头指向这38个无动于衷的冷血动物，谴责他们的冷漠和无情。可是，约翰·巴利和比博·拉塔内这两位生活在纽约的年轻社会心理学家对人们的这一言论相当不满。他们认为，这38个人无动于衷一定有他们的隐情。

经过几周的精心筹划，他们展开了一个关于应急情况的调查。在研究中，纽约大学心理学入门课的72名学生作为本次调查对象，他们参与了一项未说明的实验，以满足课程的一项刚性要求。巴利、拉塔内告诉每一位受试者，该实验涉及都市大学生个人问题讨论。2人组、3人组或者6人组是该讨论的讨论形式。为了尽量减少暴露个人问题时的尴尬，他们将散落到相隔的房间里，以对讲机通话，并安排好通话顺序。这些受试者毫不知情，不管受试者在和第几个人对话，事实上和他对方的内容都是事先录播好的——第一个发话的总是一名男生，他说出了学习和生活在纽约的困难之处，并坦白自己在重压之下，常常出现几乎癫痫的状态。到第二轮该他发言时，他的声音变

了，说话前言不搭后语、磕磕巴巴，并表现出呼吸急促的症状，“老毛病又快要犯了，”他深呼吸，声音急促地说，“我就要死了……哎哟……求求你们救救我……啊呀……发作……”然后，一阵急促的喘气后，就没有了动静。

在以为只有自己和那个半癫痫对话的受试者中，有85%人做出有人犯病报告的选择；在那些认为还有4个人也听到这些发作的受试者中，只有31%的人行动了。后来，当问及学生，他们的反应是否会因为别人在场受到影响时，他们一致强调没有；他们真的没有意识到其巨大的影响。

巴利和拉塔内的实验完全解释了克尤公园现象，他们称这种现象为“旁观者介入紧急事态的社会抑制”，换而言之就是“旁观者效应”，正如他们实验中一样，正是因为有多个目击者在紧急事件现场，才让旁观者做出了无动于衷的选择。对此，他们进一步解释说，“可能更多的是目击者对其他目击者的反应而做出选择，而不太可能事先存在于一个人‘病态’的性格缺陷中。”

相关实验

A. 外乡人的答案

实验原理：有什么样的文化，就会有什么样的国民；正是当下的文化造就了如此的国民。

实验主持人：Matt夫妇。

实验过程及结果：

一个寒冷异常的下午，下班回家的你在路上偶然遇到一个双腿残疾的乞丐。衣衫褴褛的乞丐在这么冷的天还穿着单衣，你注意到他瑟瑟发抖的身体。假设你是一位极富金钱、极富怜悯、极富慷慨的“三富好人”。你将——

A. 把他接到你家过冬。

B. 给他足够多的钱，让他到旅店过冬。

C. 视而不见，置之不理。

这个故事发生的地点在上海某小区里。据《东方早报》报道，一对名为Matt和Ella的美国夫妻住在那个小区里，夫妻俩都在上海当地一家广告公司工作。Matt在某天下班经常乘坐的地铁站里遇到一位双腿残疾的中国乞丐。乞丐在这么冷的天里居然还穿着单衣，乞丐瑟瑟发抖的身体被Matt注意，于是Matt将乞丐接回了自己的家中。

实验联想：

故事才刚刚开始。乞丐得到了Matt家里的钥匙，Matt让他随时过来。这个小区的住户绝大多数是中国人。不久，中国邻居就发现这位双腿残疾的乞丐经常在楼道里出没。中国居民对这个乞丐感到很是恐慌——这个乞丐要是一个坏人那该如何是好？万一他偷我们家东西怎么办？他如果是个人贩子该怎么办？后来，中国居民才发现这个乞丐是美国居民的客人，他们怎么想也想不通，美国人为什么邀请这样的人来自己家里。中国居民到居委会反映了这一事情，他们要求美国人不要再请乞丐到小区来。面对这样的刁难，美国夫妇先是感到惊讶，然后他们辩驳道："首先，凭什么说穷人就是坏人呢？其次，我邀请谁来我家那是我的自由。"

不甘心的中国居民又想出来一个办法，他们到派出所将这件事情反映了上去，他们请警察"对付"那对美国夫妇。最终，这场拉锯战以中国居民的胜利收尾。Matt和Ella迫于中国邻居的压力，帮乞丐换上了假肢，帮他在别的小区租了一个住处。Matt解释说，来到中国就应该"入乡随俗"。但是我们无法理解Matt所说的"入乡随俗"到底是什么样的俗呢？

B. 公交车怪像

实验原理：当冷漠吞噬了我们的心灵时，我们忘记了什么是善良和廉耻。

实验主持人：网友"ykh"。

实验对象：乘客。

实验过程及结果：

“看一看公共汽车上发生的事”是网友“ykh”于2004年在某论坛上发的一则帖子，这则帖子由五张图片构成。1.“车厢比较挤，站在一个男青年座位边上的是一个抱小孩的妇人，看样子那个小孩还不满周岁。”2.“男青年一脸漠视的样子。”3.“别人对他提出让座给妇人的请求，他愤怒地指着‘老、弱、病、残专属座位’的字样说‘我是文盲，我不识字’。”4.“在他前面坐着的好像是他的女朋友，女孩决定让座给妇人，结果被那男青年强行摁回座位，女孩显得有些尴尬。”5.“最终他也没有让座。”这组照片在网上发布后，竟有人跟帖：公交车上让座是一种怪现象！

实验联想：

2004年5月13日，公交车上连续三次广播让乘客为一名孕妇让座，整整一车人居然连个动静都没有。这一幕发生在南昌市28路公交车上。2004年5月24日，已有身孕的张小姐乘坐公交车时，遇上了一件十分令人生气的事情。一位穿着时髦的少妇，自己坐一个座位不说还占了一个座位，面对大家的劝说和指责，这位时髦少妇始终没有让座。

测测你自己：冷漠测验

根据自己的行为表现，可以有目的地检查一下自己的冷漠心理程度，以便心中有数。仔细回忆一下，最近1个月以来，你经常有下列情况发生吗？

1. 单位开会时，找理由不参加吗？（是）（否）
2. 大家聊天时，独自一人闷闷不乐吗？（是）（否）
3. 集体活动时，你会悄悄溜号吗？（是）（否）
4. 同事有困难时，根本不理睬吗？（是）（否）
5. 被邀请聚会时，以各种借口拒绝吗？（是）（否）
6. 正常的朋友往来也无兴趣吗？（是）（否）

7. 亲朋有事情相求时，推辞没有能力帮忙吗？（是）（否）

8. 根本与同事与领导不主动交流吗？（是）（否）

测试结果：

如果你的问答出现2个以上“是”的话，说明你已经有了冷漠心理，应该及时调节，让自己远离冷漠。

小贴士：可悲事件

朱祥林是一位身患肺癌且已七旬的老人，他在上海市乘坐820路公交车时竟然没有人让座。“看着一个车厢的人，我感到了真正的冷漠。”朱祥林回忆起这一让人心凉的一幕这样说。

面对一位身患绝症的老人，整车人居然没有一人让座，这样冷漠的做法真是让人寒心啊！而这些年，关于冷漠的相关报道几乎占据了各大媒体的头条。难道真是人心不古？难道真是我们的社会缺乏道德？仅仅下这么一个简单的结论是不负责任的。

有人认为是因为大力发展经济导致了人与人之间的冷漠。而人生活在陌生世界里就更不会被道德所约束。不是人们的理性发生了变化，而是约束人们的条件发生了变化。大家犹如置身在陌生的茫茫人海中，更容易让自己产生这种自我情绪。有人轻生要跳楼自杀，楼下的围观者居然有人高喊快跳下来，这是他的真实本性吗？如果当时有他的朋友在场，他还好意思说出那样的话吗？

所以，不能将道德下滑归罪于冷漠。比如说在一定场合内，身边都是朋友，或在社交场所，那些不让座的人，他们反而显得非常有风度，这是因为有他们的朋友在场，对他们形成了这种约束力。

但这样的人为什么一置身在陌生环境下，就都出现了这种漠视的症状呢？这是因为分散责任的心理使然。美国心理学家拉塔奈和达利认为，人们看到处于紧急状态情境中的陌生人，没有做出救援的选择，不是因为他们没有人性，而是因为还有其他人也在场，让他们降低了自己的责任意识，从而放弃援救动机。这种现象又称为“旁观者效应”。具体表现为以下几种心理：

1. 认为这么多人在场，自己没必要采取行动。多人场合会增加情境的复杂性，影响个人判断，对此当事人无法准确判断真相，从而以为不必采取行动，或放弃及时采取行动。

2. 认为别人会先于自己行动。这些人脑子里想的是：有这么多人，肯定会有人第一个站出来。而事实却是，正是因为很多人在场，大家都揣着这样的想法，从而淡化了自己的责任感，不该发生的事情就这样发生了。

3. 认为即便发生了不好的事情，有这么多人在场，也不是我一个人的责任，这是大家的责任，他们对事情的结局推卸了责任。

这并不是为这些不让座的人找理由开脱，而是要说明“责任扩散”导致了不见义勇为、不让座等不道德行为的出现。因为身处陌生的环境中，人们所感受到的道德谴责的力度没有那么大，而且会在下次类似的环境中做出同样的漠视选择，源源不断地对周围环境产生影响，致使冷漠像瘟疫一样在社会上传播开来。出现这种情况是我们整个社会的悲哀，不单单只是一个人的悲哀！

所以，这是一个不容忽视的社会现象，有人认为这是当下人们患上的一种“精神慢性病”，这种病会让人的道德沦丧，并且对社会发展造成很大的负面影响。所以，这种“精神慢性病”应加以消除。

台湾的高振东先生曾大声呼喊：“天下兴亡，我的责任。”他说，只知“天下兴亡，匹夫有责”，其实是人人无责，而“我的责任”就可以从小事做起，从我做起，从对老人让座这样的小事开始。这是我的责任，也是我们每一个人的责任。要明确个人职责范围，不管处在什么样的环境中，只有这样，才能让我们的道德升华。不然，这就是个冷漠的道德堕落的世界。

小 结

当儿时放飞的风筝已经消失在无边的天际；当青春的花朵在岁月的长河中渐渐凋零；当理想与道德被现实冲击得无影无踪；当精神世界被无限的物质化所取代。我们诚实朴素的心只能在角落里哭泣，我们在理想和冷漠之间左右为难。

作家卢跃刚在《大国寡民》中说："贫穷与愚昧并不可怕，真正可怕的是冷漠和麻木。"这句话很有点味道，有种禅机。

某人驾车到异地游玩，因为路况不熟，一路上只能采取问路的方式前进，怎知满脸笑容换来的回答却都是一样："不知道。"后来总算在一位老婆婆的指引下到达终点。在接近终点时，因为出现了岔路口，那人不知道该往哪里走了。于是他便下车客气地向一位大叔打听。一连问了这位大叔好几次，大叔都没给出答复。后见这位大叔旁边有个小孩，便又问："小兄弟，你知道应该走哪条路？"看你给多少指路钱了！"小孩老气横秋的回答让那个人感到心痛。

作家叶文东曾以"冷漠的尽头是麻木，麻木的尽头是死亡"这样的警世之言警醒着世间每一个冷漠之人。

拒绝冷漠，人生才会多姿多彩，世界也因此变得更有活力。很多人因冷漠而感到恐惧：狼，是不是又来了？

是啊！苍茫的宇宙，邈远的时空，沉重的历史，需要我们勇敢地前行，需要我们去抒写生命在历史长河中的光彩与意义。只要我们拒绝了冷漠，相信明天会是一片艳阳天。

从现在起，审视自己，去紧握火热的青春！

从我做起，审视自己，去锻造辉煌的人生！

第二十七篇

孤独并不可怕

国 鐮 最 多《伉七·尻口拈盯绳奄·光拈妾断柬供霂1837—1887齕

——唯有勇敢的心，方能战胜孤独。

经典实验：狼孩

1920年，在印度一个名叫米德纳波尔的小城，人们发现了“神秘的生物”在小城附近的森林里出现，一到晚上，就有两个爬行“像人的怪物”跟随在三只大狼后面。后来人们将大狼打死后，才发现了这两个“怪物”，原来这是两个小女孩。其中年纪稍大一些的八岁，小的约两岁。于是人们将这两个小女孩送到孤儿院去抚养，还给她们取了名字，大的叫卡玛拉，小的叫阿玛拉。过了一年，阿玛拉就死了，而卡玛拉一直活到1929年才去世。这就是在印度轰动一时的“狼孩”事件。

1976年4月，美国《自然史》杂志刊登的一篇书评说，“狼孩”的发现者辛格在其撰写的《狼孩和野人》一书中，详细描述了他和妻子一起如何将两个狼孩改变为人的经过，书中还附有美国人类学家津格的评论。

类似这样的事件全球其他地方也有发生过。著名的瑞典生物学家林耐在1875年所著的生物分类著作中，就记载了关于孩子被野兽抚育的事情：如1344年在德国黑森发现的被狼哺育长大的小孩；1661年在立陶宛发现的小孩和熊一起长大，及1672年在伊朗发现的小孩被绵羊哺育。

关于这些被动物哺育长大的小孩中，最有名的就是在1797年的法国，猎人在森林里找到了一个年纪为17岁的大男孩，由于长期与人类社会隔绝，他当时早已成为“野兽般的孩子”。学术界对这一发现广泛关注，并进行了深入的研究。这个被野兽哺育长大的男孩死于40岁。据说经过长期与人的接触和训练，他终于被转化为人。在《阿威龙的野男孩》一书中有关于这个男孩的详细介绍。

到20世纪50年代末，科学界已发现30个在野外环境中长大的小孩，其中20个小孩为猛兽哺育长大：5个是熊、1个是豹、14个是狼哺育的。

据记载，发现印度“狼孩”时，她们还是只会用四肢行走。她们不喜欢群居，总是喜欢单独活动，昼伏夜出，这样的行为和狼简直无异。怕火和光，也怕水，不让人们替她们洗澡。不吃素食而要吃肉，吃时不用手拿，而是放在地上用牙齿撕开吃。每天午夜到清晨三点钟，她们像狼似的引颈长嚎。她们没有感情，只知道饥时觅食，饱则休息，很长时间内不主动对别人产生兴趣。不过她们很快学会了向辛格的妻子去要食物和水，如同家犬一样。只是在一年之后，当阿玛拉死的时候，人们看到卡玛拉“流了眼泪——两眼各流出一滴泪”。

据研究，七八岁的卡玛拉刚被发现时，她只懂得一般6个月婴儿所懂得的事，花了很大气力都不能使她很快地适应人类的生活方式，2年后才会直立，6年后才艰难地学会独立行走，但快跑时还得四肢并用。直到死她也未能真正学会讲话：4年内只学会6个词，听懂几句简单的话，7年才学会45个词并勉强地学几句话。在最后的3年中，卡玛拉终于学会在晚上睡觉，她也怕黑暗了。很不幸，就在她开始朝人的生活习性迈进时，她死去了。辛格估计，卡玛拉死时已16岁左右，但她的智力只相当于三四岁的孩子！

相关实验

A. 鱼水情

实验原理：人和社会，就好比鱼和水，谁也离不开谁。

实验主持人：加拿大麦克吉尔大学心理学家。

实验对象：志愿者。

实验过程及结果：

给被试者戴上半透明的护目镜，使其难以产生视觉；用空气调节器发出的单调声音限制其听觉；手臂戴上纸筒套袖和手套，腿脚用夹板固定，限制其触觉。被试者单独待在实验室里，几小时后开始感到恐慌，进而产生幻觉受试者在感觉剥夺试验七天后，出现了经典的病理心理现象：①出现错觉、幻觉，感知综合障碍及继发性情绪行为障碍；②对刺激过敏，紧张焦虑，情绪不稳；③思维迟钝；④暗示性增高；⑤各种神经症症状。

实验联想：

美国、日本等一些国家的心理学者也进行过类似的“感觉剥夺试验”，结果类似。这说明一个人在被剥夺感觉后，会产生难以忍受的痛苦，各种心理功能将受到不同程度的损伤，经过一段时间才能逐渐恢复正常。这个实验表明：大脑的发育、人的成长成熟是建立在与外界环境广泛接触基础之上的。只有通过社会化的接触，更多地感受到和外界的联系，人才可能更多地拥有力量，更好地发展。

B. 免疫孤独

实验原理：强者，享受孤独；弱者，被孤独吞噬。

实验主持人：美国卡内基梅隆大学研究人员。

实验对象：大学生。

实验过程及结果：

美国卡内基梅隆大学的研究人员为参加测试的83位大学生每人配备了一台掌上电脑，让他们记录下两周内交谈对象的数量和出现孤独感的次数，他们还对学生体内压力激素皮质醇的水平进行了测量。与此同时，研究人员还给每位学生注射了一种常见的流感疫苗。研究人员发现，孤独感最强的学生，其体内出现流感抗体的数量比孤独感最弱的学生低16%。研究者将两周内只同4至12人交往过的学生定为社交圈最小的人，将同期与20人交往过的人定为社交广泛者。分析结果显示，社交圈小者对流感疫苗的免疫反应比社交广泛者要低11%。但研究人员也指出，孤独是一种心灵感受，并不一定与接触人的多少相关，也没有一种良药能有效消除孤独感，但是与家人朋友保持联系、更多地参与集体性质的健身活动，都能在一定程度上抑制孤独。

实验联想：

这项科学研究表明，人的身心要想正常工作，就需要不断地从外界获取新的刺激。而无论是主动或是被动，对这种刺激接受不多的“孤独者”，最终会导致免疫力降低，体内也更容易产生与动脉硬化有关的物质。在另一项研究中科研人员发现，与其他人相比，好友少的人、未婚者等社会交往相对少的人，其血液中白细胞介素6的水平最高，这种物质是人体可能存在炎症和动脉硬化的标志物之一。

测测你自己：孤独指数测验

终于搬到了梦寐以求的乡间小木屋，这时体贴的好友想买一张休闲的长椅给你，放在木屋外最适合观赏日落的位置。你想这椅子会是什么样子的呢？

A．藤制凉椅。

B．古朴的长椅。

C．悬挂像是秋千的椅子。

测试结果：

选择A的人：你是一个很怕孤独的人，只要一孤独什么悲伤的情绪都会忍不住上来了，把自己弄得多愁善感的样子。其实人生就是这样，你也不必想得这么多，快乐点过日子吧。

选择B的人：你是可以自己独处的人，甚至可以很享受这种感觉。只是你很容易会被回忆所苦，虽然平时就像个陀螺一样打着转，可是一旦思潮沉淀，就会为从前的种种感到无比的唏嘘。放轻松点吧。

选择C的人：一个人独处的时候，你最常做的事就是发呆，不然就是在那里没事东想西想，你很能沉醉在自己的幻想世界之中。你是一个性情中人，可能为任何事感动得痛哭流涕，不过偶尔流流泪对身体也是有益的噢。

小贴士：孤独症天才

说起来可能会吓你一跳，爱因斯坦、爱迪生、牛顿、陈景润等这些我们耳熟能详的大科学家，竟然都是孤独症患者！准确地说，他们是高功能孤独症患者。他们在有心理、性格问题或情感障碍（如孤独症）的同时，还拥有与上述障碍全然相对的、惊人的心理运作能力。事实证明，部分孤独症患者有着超常的认知能力，具有极强的数字记忆、美术、音乐等特殊能力，这使部分孤独症患者成为孤独症天才。

爱因斯坦1879年3月14日出世时，有一个大得出奇而且有棱角的后脑勺，母亲以为是个畸形婴儿。两岁半了，他还不会说话。一天，家里来了一个骑脚踏车的小妹妹，他说出了一句完整的话：是的，可是她的小轮子究竟在哪里呢？5岁时他脾气狂躁，把家庭教师吓跑了，还用儿童锄头在妹妹头上敲了一个“大窟窿”。

但这个小孩子也有让家长得意的地方。他5岁开始拉小提琴，特别喜欢莫扎特，长大后，在四重奏方面很有造诣，甚至达到了艺术家的完美境地。三四岁穿过慕尼黑最繁华的大街时，第一次给他指明道路，第二次他就能先看右方，再看左方，毫不胆怯地穿过去。不到10岁，他就能一次用卡片搭起14“层”高的楼房，显示了超强的耐心与毅力。

没人知道儿童孤独症存在的历史有多长，直到1943年，美国儿童精神科医师肯纳才首先在其发表的“情感接触的孤独症障碍（*Autistic Disturbances of Affective Contract*）”一文中才正式提出孤独症的概念和描述。但真正让公众知道孤独症并开始关注孤独症群体的则是曾获奥斯卡奖的好莱坞电影《雨人》。电影《雨人》是一部描写人性回归，表现兄弟之间手足情深、温馨感人的伦理片，曾获第61届奥斯卡金像奖最佳影片、最佳导演、最佳男演员、最佳编剧4项大奖。影片男主角是一名有着特殊才能却无法生活自理的孤独症患者，由此引发了人们对孤独症群体，尤其是男主角的原身、真正的雨人金·皮克的极大兴趣。

金是一个机械记忆能力超强的天才。金的总智商约87（±3），然而他的记忆智商约达220。金是一位典型的孤独症学者，是智障、天才与孤独症的综合体。他所拥有的特殊能力领域很广，但大多与记忆有关。所有人口超过八百万人的美国城市，金都能告诉你该市有几号公路经过、哪条铁路或河流穿过市区或市郊、该市的邮政编码，如果要看区域电视，应看第几频道。但对“你从哪里来？”、“搭飞机还是搭火车”等问题均问东答西，完全无法与之沟通。

当采访他的记者说来自中国的台湾省彰化县时，金立刻说：“台湾是中国第一大岛，位于中国东南外海，彰化在台湾西部，台中之南。”金的表情就像是小学生在背书。记者又说：“我生于1955年5月8日，有何指教？”金立刻说：“你要在2020年5月8日退休，那一天是星期五。”

有些孤独症患者有着特殊的音乐才能，如美国的蕾丝莉。她未受过正式的音乐训练，十多岁时，首次听到柴可夫斯基（Peter Tchaikovsky，1840–1893）的降B小调第一号钢琴协奏曲，她毫不犹豫并且流畅地在钢琴上弹出。她可以用钢琴弹出任何她听过的音乐，无论它有多长或多复杂，而且可以记住长达一年之久。然而她不能握住刀叉、汤匙或碗筷吃饭，缺乏日常生活自理能力。当你对她说话时她不能重复你的语句，连鹦鹉式的模仿都有困难。

日本的孤独症患者山村则有美术方面的特殊才能。他的智商介于48到53之间，直到14岁才会叫“妈妈”。山村进入特殊班后，他的老师很快就发现他画苍蝇与蝴蝶的技巧与他的智力极不相称。他对人没什么兴趣，在教室中他不干扰别人，也从未与他人建立任何人际关系，画人时经常漏画手指，或以单一线条当作脚，但对于小动物及昆虫却有特殊兴趣。山村上学只做两件事：追踪、观察小动物与昆虫，然后画它。山村在接受了有计划的绘画教育后表现出特殊的绘画才能，成为一名动物与昆虫画家。

当然，并不是每一个孤独症患者都有特殊的才能。据调查，70%的孤独症儿童伴有智力障碍，20%多智力正常，5%～10%的孤独症儿童在某些方面有着超常的智力。

小　结

“流落于此，不知是幸还是不幸，幸的是活下来了，不幸的是这个世界只有我一个。”——鲁滨逊

其实孤岛生存的故事在其他小说中也发生过不少，如金庸笔下，瑛姑的泥潭居、小龙女的水帘洞、张无忌的冰岛生涯等，这些武林高手都曾经历隔离人世的生活。但不一样的是，这些人都身怀绝技，不食人烟，只因爱或恨，才逃离人世。而鲁滨逊，是一个普普通通的小人物，一场船难颠覆了他的生活，改变了他的全部世界。他没有爱恨情仇，他只要生活。

鲁滨逊是一个懂得计划晓得过日子的人。孤岛生存26年，他每天都过得很充实，把一个人的生活过得有滋有味风生水起。他造了两所精致又实用的房子，还诙谐地称自己是富翁，拥有一座海边大房，一座乡间别墅。在孤岛生活的第23个年头，他靠智慧和勇气，从野人手中救出了星期五，也赢得了一位忠实的朋友与仆人。他无师自通学会了很多本领，打猎、种植、编柳筐、烧陶罐、酿葡萄酒、圈养山羊、驯养家禽、造独木舟……在这孤独的生活中，他的创造力达到了顶峰。

我们不得不佩服鲁滨逊，因为他——有颗勇敢的心。他的勇敢在于超越了孤独，认真而精彩地生活。

第二十八篇 直面恐惧

图：《格尔尼卡》毕加索（1881—1973）

——恐惧可以蒙蔽很多东西，却蒙蔽不了智者的眼睛。

经典实验：恐惧的根源

美国有个心理学家名叫华生（Watson），他通过研究认为，恐惧可以通过学习而产生，同样也可以通过学习而消除。

为了证明他的观点，他找来一个刚刚出生11个月名叫阿尔伯特（Albert）的婴儿作被试者。他的第一个实验是想使阿尔伯特对大白鼠产生恐惧反应。实验一开始，他发现孩子听到大的声音和失去支持时，便产生恐惧反应，还发现不管是什么东西，只要距离他在十二英寸之内，他就会设法得到，得到之后便摆弄它。这个孩子对巨大声响的反应同其他孩子的反应是一样的。华生找来一根直径一英寸，长三英尺的钢棍，当用锤子敲击这根钢棍时，孩子便产生明显的恐惧反应，在做完上述预备实验之后，华生便开始正式做实验，他先让阿尔伯特玩弄一只大白鼠，孩子玩得很高兴，几周之内毫无惧怕的迹象。有一天正当阿尔伯特伸手去触摸那只大白鼠时，华生用锤子猛敲那只钢棍，发出很强的噪声，使阿尔伯特产生了很不愉快的感觉。华生是这样描述当时孩子的表现的：他被吓得猛然跳了起来，然后跌倒，一头扎进床上的褥子里，可是孩子并没有哭叫。以后华生便重复地这样做，每当孩子伸手触摸大白鼠时，华生便敲击钢棍，孩子便猛然跳起然后跌倒，继而哭泣。这种做法显然给阿尔伯特留下了很深的印象。一周之后华生又让阿尔伯特玩弄大白鼠，这时孩子对动物不怎么感兴趣，看来有点胆怯。华生对当时的情况是这样描述的：当把动物突然呈现在孩子的面前时，阿尔伯特并没有走上前去接近它。当实验者逐渐把大白鼠移近阿尔伯特时，孩子便试探性地伸出左手。当动物用鼻子嗅他的左手时，他立刻把左手缩了回去。后来他伸手去摸大白鼠的头，当还没有碰到动物时，便又把手缩了回来。在进行本实验之前，阿尔伯特是不怕大白鼠的，而这种实验重复多次之后，他不但惧怕大白鼠，而且害怕兔子，害怕用动物皮制的衣服外套和棉花。

所幸的是华生还可以通过重新形成条件反射的方法，或者称作去条件反射（Deconditioning）的方法，消除恐惧。有一位名叫彼得的小孩就做过消除恐惧的实验。

彼得是一位三岁的男孩，他不但惧怕大白鼠，也怕兔子、毛大衣、羽毛、棉团、青蛙、鱼和机械玩具。彼得很像刚才所说的阿尔伯特，所不同的是，彼得的恐惧不是在实验室里而是在家里形成的。

华生有一位研究生名叫琼斯（Jones），华生交给她一项任务，要她设法减轻彼得的恐惧行为。琼斯想出了一个好主意，她把彼得置身于他所害怕的那些东西面前，同时让其他一些孩子在场，而那些孩子对琼斯害怕的动物并不害怕。琼斯把这种方法叫作“社会因素法”。琼斯之所以这样做是因为她推想，如果彼得看到其他孩子玩弄这些东西，他的好奇心就足以使他战胜恐惧。

这种方法取得了一定的效果，彼得的恐惧开始逐渐消退，不幸的是，在实验过程中彼得患了猩红热，住了两个月医院。出院那天，正当他和护士上出租汽车时，有一只个子很大的狗向他们发起了攻击，他们两个一阵慌乱，当彼得躺在汽车上时，显得精疲力竭。经过几天恢复之后，琼斯又把彼得带进实验室，想看看他是否还害怕以前所害怕的那些东西，出乎意料的是，他比以前怕得更厉害。

在彼得身上所作的实验失败了，但琼斯和华生并不灰心，他们决定变换一下方法再做一次。他们想，如果把彼得所害怕的东西，同可能引起愉快感的东西放在一起，呈现给他，也许他就不会再害怕了。于是他们别出心裁地利用彼得吃午饭的机会进行实验。他们把彼得领进一个长约 40 英尺的大饭厅里，让他坐在一把高椅子上，当他吃得正高兴的时候，把一只兔子放在远处让彼得看。因为距离远，兔子又是放在铁丝笼子里的，彼得并不害怕，照样吃他的饭。以后每当吃午饭时他们便如法炮制，不过逐日将兔子移近，后来竟把兔子放在桌上，进而又放在他的大腿上，最后彼得一手吃饭，一手玩兔子，恐惧就这样消除了。

相关实验

A. 艾尔伯特的恐惧

实验原理：恐惧情绪可以通过条件反射后天习得。

实验主持人：华生。

实验对象：艾尔伯特。

实验过程及结果：

著名的行为主义创始人华生（Watson）先生做个一个很经典的实验，他将一名只有9个月大的婴儿艾尔伯特（Albert）作为实验对象。华生团队对艾尔伯特经过反复观察，发现艾尔伯特对巨大的声响会产生本能的恐惧，而对动物，例如狗、白鼠等并不害怕。

实验开始后，华生团队反复向艾尔伯特同时呈现巨大的响声和白鼠。再如此呈现了7次后，他们发现即使不再发出巨大的响声，只呈现白鼠时，艾尔伯特也会表现出极大的恐惧。在随后的日子里，华生团队发现，艾尔伯特对白鼠的恐惧已经延伸到了很多相似的事物上，如他开始对狗、白色的皮毛大衣、华生的白头发、棉花等白色或者毛茸茸的东西都会感到恐惧。

在实验停止一个多月的时间后，艾尔伯特的恐惧依然没有消退，这说明这种习得情绪会持续的相当久。华生的这个实验说明了恐惧情绪是可以通过条件反射后天习得的。

实验联想：

这个研究的结果通常可以被套用到其他的地方用来解释常见的其他情绪，如愤怒、愉快、伤心、惊讶或厌恶等的缘由。听到老歌时感到伤感，求职面试时感到紧张，春天到来时感到愉快，看见牙医工具时感到害怕。这些情绪现象的根本原因，即在于此前生活中建立的复杂的条件反射。

B. 沟通恐惧症

实验原理：越不自信的人，越不敢面对现实。

实验对象：张某。

实验过程及结果：

张某今年26岁，在某公司任文案人员。他相貌文雅，很受同事的欢迎。但是有一天，部门领导因不满意他起草的一份文件而严厉地训斥了他。一脸沮丧的他从领导办公室出来后就一言不发，同事们围上去安慰也不管用。从此，张某像变了个人，上班几乎不说话，和谁也不接触。需要沟通传达什么事情都通过公司的内部网络贴帖子，明明同事就坐在他对面，一句话就能解决的事也都通过网络。当领导有事不得不去面对面的时候，他表现得非常紧张，脸发红，手心出汗，总是不自觉地拽衣袖，时间长了衣袖竟被拽坏了。

实验联想：

张某的表现是比较典型的社交强迫障碍。表面上看，张某是因工作遭领导训斥才出现这种心理问题的。但事实上张某心理问题的出现并不是突然发生的，而是长期压力积累造成的。目前就业竞争激烈，张某虽在工作岗位上，但公司人员流动非常大，同事们像走马灯似的来来去去，给张某带来巨大心理压力。再因工作不力被领导训斥，使张某每天都担心自己会被解雇。因此每个举动都谨小慎微，不敢和同事多说话，不敢见领导，一切都通过网络联系，让自己置身事外。现实生活中有很多人都喜欢在网上聊天，沉溺于网络世界。而且上网联络，不用面对面接触，自然轻松。长此以往，性格就变得有些孤僻，而现实世界需要人与人面对面沟通时，我们反而觉得不适应。正所谓和网络近了，和人远了。张某已经存在网络依赖心理，只有在网络上他才能感到放松，感到自然，而见了同事、领导乃至陌生人则不知所措。更何况被领导训过了，更不敢去见面了。

那么我们应该怎样避免或者消除网络依赖症呢？首先，我们应该从心理上树立自信，放弃网络联系方式，逼自己走进人群中，尽可能放松心情，对自己说“我是最好的”，主动与他人接触；此外，还可以找亲朋好友聊天转移紧张情绪。这样，离网络远了，和人自然就近了。

测测你自己：社交恐惧测验

评分方法：每个问题有4个答案可以选择，它们分别代表：1. 从不或很少如此；2. 有时如此；3. 经常如此；4. 总是如此。根据你的情况在以下题中圈出相应的答案，此数字也是你每题所得的分数。将分数累加，便是你的最后得分了。

1. 我怕在重要人物面前讲话。答：（1 2 3 4 ）
2. 在人面前脸红我很难受。答：（1 2 3 4 ）
3. 聚会及一些社交活动让我害怕。答：（1 2 3 4 ）
4. 我常回避和我不认识的人进行交谈。答：（1 2 3 4 ）
5. 让别人议论是我不愿的事情。答：（1 2 3 4 ）
6. 我回避任何以我为中心的事情。答：（1 2 3 4 ）
7. 我害怕当众讲话。答：（1 2 3 4 ）
8. 我不能在别人注目下做事。答：（1 2 3 4 ）
9. 看见陌生人我就不由自主地发抖、心慌。答：（1 2 3 4 ）
10. 我梦见和别人交谈时出丑的窘样。答：（1 2 3 4 ）

测试结果：

（1～9分）放心好了，你没患社交恐惧症。

（10～24分）你已经有了轻度症状，照此发展下去可能会不妙。

（25～35分）你已经处在中度社交恐惧症的边缘，如有时间可以去看看心理医生。

（36～40分）很不幸，你已经是名严重的社交恐惧症患者了，你可以去看看心理医生，他会帮你摆脱困境的。

小贴士：恐惧社交心理

社交恐惧症患者害怕的对象主要是社交场合和人际接触，他们在公共场合把注意力过于放在周围的环境上，对外界的刺激非常敏感，觉得别人对自己的一言一行非常关注，担心自己会出现错误而被别人嘲笑，总处于一种莫名的心理压力之下。社交恐惧症常常会导致口吃、植物性神经功能紊乱甚至兴奋性晕厥等并发症，影响人们的正常生活和工作状态。

经专家研究表明，“社交恐惧”这种不正常的心理状态与人在童年时期的某个行为印痕有直接的关系。例如，有一个人小时候曾经得到一次演讲的机会，他做了精心的准备，希望风光一把。可没想到，他上台时竟把原先背得滚瓜烂熟的演讲词忘得一干二净，这使他尴尬至极。从那以后，他变得不敢当众讲话了。有一个男孩，平时很喜欢去同学家里玩，有一天他无意中听到那位同学的母亲在教训孩子：“别让你的那个同学老到家里来玩，烦死人了，下次他再来你赶紧打发他走。”这个男孩悄悄地缩回了已经踏入门槛的一条腿，从此之后，他变得害怕与人接触和交往，更不敢与人交朋友。

那么我们应该如何治疗社交恐惧症呢？

先找出具体的刺激源，接下来就是进行“心理认知”治疗。让患者通过回忆、与心理医生交谈及催眠治疗等方式，找出引发心理障碍的确切原因，再据此对症下药，进行“行为治疗”“行为治疗”就是根据患者的病因教会其采用相应的心理对策，找到解决问题的办法，最终形成正常的社交思维习惯和模式。

常用的治疗方法有以下几种：

注意力集中法：在社交场合，不必过度关注自己给别人留下的印象，要知道自己不过是个小人物，不会引起人们的过分关注，正确的做法是学会把注意力放在自己要做的事情上才对。

兜头一问法：当心理过于紧张或焦虑时，不妨兜头一问：再坏又能坏到哪里去？最终我又能失去些什么？最糟糕的结果又会是怎样？大不了是再回到原点，有什么了不起！想通了这些，一切就会变得容易起来了。

钟摆法：为了战胜恐惧，心里不妨这样想：钟摆要摆向这一边，必须先往另一边使劲。我脸红大不了红得像块红布；我心跳有什么了不起，我还想跳得比摇滚乐鼓点还快呢！结果呢，人们会发现实际情况远没有原先想象得那么严重，于是注意力就被转移到正题上了。

系统脱敏法：如果面对自己爱恋的女孩子，可用循序渐进的方法克服心理障碍。一、先下决心看她的衣服；二、看她的脸蛋儿和眼睛；三、向她笑一笑；四、当有朋友在身边时主动与她说话；五、有勇气单独与她接触。这种避免直接碰撞敏感中心的方法使一个原本看来很困难的社交行为变得容易起来，这种方法对轻度社交恐惧症一般有立竿见影的效果。

不过，当生理上的不良反应已经比较严重时，就有必要适量应用药物治疗，这对消除心理紧张和缓解生理不适均有一定效果。这种治疗一定要在专业医生的指导下进行，以免造成对药物的成瘾性、依赖性等不良后果。

可以说，社交恐惧症的治疗过程也是重塑患者健全人格的过程，其见效并不难，关键是如何保证不再复发。外界的刺激是多种多样的，新的环境刺激会对“社交恐惧”形成新的情境唤醒。因此，单纯的头痛医头、脚痛医脚常常会无济于事。在治疗社交恐惧症的过程中，只有运用生理治疗和心理治疗的综合措施，将常规性一般治疗与阶段性强化治疗并举进行，才能使希望走出社交恐惧症阴影的人们重新找回属于自己的明媚天空。

小　结

在现代社会，恐惧越来越有力地折磨着我们，到了每一个人都无法规避的地步，这让人想起19世纪英国诗人和散文家麦尔慈，他提出这样一个问题："宇宙对人类是友好的吗？"这个悬而未解的问题，困扰着许多自恃聪明的人，让人倍感世界的无常。正是由于人的有限与渺小，比之于宇宙与世界的深不可测，才使人对许多无法理解的事物生出恐惧。比如，直到今天，还有很多人都幼稚地认为"4""13"这些数字会给他们带来不祥，可见，面对世界的无常，人是多么脆弱而无助。

恐惧是在可怕情景影响下产生的一种十分紧张的情绪反应。特别是当这种情景会使人具有重大意义的需要遭到剥夺时，如威胁到人的生命安全、名誉、前途和经济利益时，恐惧的情绪就会支配人的整个身心。

恐惧，它比害怕更深刻。害怕是面对一个具体对象的，恐惧与焦虑一样，可能是没有具体对象，无边无际的。肉体遭到攻击（如一只老虎朝你扑来）会害怕，精神的伤害却产生恐惧，最终带进绝望。害怕是现在的，恐惧则可以针对未来和不可知的事而发生。那么，我们应该怎样克服恐惧心理呢？

首先，我们要提高自己对事物的认知能力，扩大认知视野，判定恐惧源。认识人自身的需要和客观规律之间的关系，确立正确的目标判断，提高预见力，对可能发生的各种变故做好充分的思想准备，就会增强心理承受能力。其次要培养乐观的人生情趣和坚强的意志，在平时的生活中有意识地在艰苦的环境下磨炼自己，培养勇敢顽强的作风。这样，即使真正陷入危险情境，也不会一时就变得惊慌失措，而是沉着冷静，机智应对。另外，平时积极参加心理训练，提高各项心理素质。比如：进行危险情境模拟训练，设置各种可能遇到的情况，进行有针对性的心理训练，形成对危险情境的预期心理准备状态，就能够有效地战胜紧张和不安等不良情绪，提高心理适应和平衡性，增强信心和勇气，以无畏的精神克服心灵的恐惧。

第二十九篇

梦与现实

国 鳒 梢墁《产刨 · 卡梨霂1844—1910龁

——现实与梦境，就如狮子与女人那般纠缠不清。

经典实验：我们做梦的原因

埃默里大学的戴维·福克斯在1969年的时候做了这样一个试验：当睡眠者处于异相睡眠状态而出现眼球激烈活动的时候，戴维·福克斯就会把这些受试者叫醒，问该受试者做了怎样的梦。然后把各种情况进行总结分析。

受试者梦到的事情全是自己关心的事情，还有一些受试者在睡梦中口渴了、饿了或想方便了，他们梦到的事情就会和这些内容有关。因此说，有所思就有所梦。

英国的心理学家克里斯托弗·埃文斯提出了另一种假说，他认为做梦如同重新对电脑编程一样，编程结束后再加以检点，因此，睡眠就像切断外界信号一样，人体就产生了这种静息的状态。在此基础上，梦境在对大脑进行重新编程，以此来训练大脑对近期事物重复显现的能力。

相关实验

A. 梦的发现

实验原理：梦，其实是我们的思维活动对现实的延续。

实验主持人：德国生理学家奥托·利维。

实验对象：狗、心脏。

实验过程及结果：

月(十)大晗三鲊徵固甜琅孥宵奢扔·刨绳偕乾还栳(十)丨梢鳒(十)刹澮迳赭祝经，其末梢就释放一种物质，该物质就能抑制心脏的活动。然后，再将停止

了跳动的心脏的血采集起来，由于里面含有抑制性物质，所以如果再把这种血液注射到另一动物的心脏里面，该动物的心脏也将会停止跳动吧？如果能将这件事证实一下就好了。

于是，第二天一早，他便兴冲冲地去了大学，为了做这种实验，他将研究者召集起来，正要给大家说明的时候，昨晚的梦却记不起来了。不管利维怎么想也想不起来。他想，那梦能再做一遍就好了，然后他就把纸和笔放在枕边。结果他幸好又做了一个同样的梦。他醒后马上将梦的内容记录了下来。一大早起来，他便匆匆忙忙地去了大学，开始了他“梦的实验”，结果，他获得了巨大的成功。他把心脏停止了跳动的狗的血液采集出来，注射给另一只狗的心脏，于是，这只狗的心脏跳动便时而减慢，时而停止。

不久，他向世界公布了这一实验结果，之后，这种实验在世界范围内展开了。但是，不可思议的是：虽然有的研究者得出了与他相同的实验结论，但在有的人的实验中，接受了血液注射的狗的心脏，却根本没有变化。于是，这些人便说利维是个骗子，他也因此得了神经衰弱。

实验联想：

如果用现代的知识来解释上述现象的话，这是一种很正常的现象。通过刺激交感神经就会使心脏兴奋、心跳加快；当刺激迷走神经时，心跳就会减慢；如果再进一步增强刺激，心脏就会停止跳动。奥托·利维的故事告诉我们：人会做梦主要是因为平日的愿望或恐惧等各种感情在睡眠时会不受抑制地显现出来。但我们也可以从梦中得到启发，而获得成功，如利维的重大发现。所以我们要处理好生活中的各种感情，不要给自己太大的压力，用正确的方式来处理各种困难。

B. 梦会应验吗

实验原理：是梦？非梦？说不清，道不明。

实验主持人：马克·吐温。

实验对象：梦境和现实。

实验过程及结果：

羌固葑同佛宵馨光·吏渥咋弛弛产刨平轺旱倘曼圣舨衅亍寅[illegible]襻毓浥三皂“宽夔泔尻亘”审轭三归覆也颅舨呗、㈩欠鲊馨光·吏渥囟痄畔圣岷三鲊晚上他做了个噩梦，梦见弟弟亨利躺在停尸房一口架在两条长凳上的金属棺材里，死者的胸前还放有一束白花，里面夹杂着一朵红玫瑰。几天之后，梦库骋乾鲊耋专房反甜皂争跞梢丬入郧㈩栳、厝条鲊馨光·吏渥痄愆名鲊囟覆习期满，调到了另一艘客轮上，弟弟却仍留在“宾夕法尼亚”号。不料，兄弛伻则㈩刃扉鲊“宽夔泔尻亘”叶囟锄炅燹炷鲊产刨歹亍靛呼、馨光·吏渥后来在停尸房里看到了弟弟，使他大惑不解的是，其情其景竟同几天前的梦墁㈩樟㈩栳鲊乞昭㈩叠量屙棹杏枵圣丢杠镶凰三鲊馨光·吏渥这厶皂旱倘鲊还看见一位妇人往死者胸前放一束白花，里面夹杂着一朵红玫瑰。是巧合吗？后来作家一直对此讳莫如深。

实验联想：

分析心理学创始人荣格根据人类的心电现象于1930年首先使用“共时性（Synchronicity）”一词来对此类超自然的现象进行描述。荣格文集中记载了这样一个案例：荣格曾经给他一个爱好爬山的朋友解梦，他的朋友曾梦见自己在登山，一直登到山顶，心中狂喜，一直向上飞。荣格听到这个梦后觉察到这个梦可能预示着死亡的发生，劝他不要再去登山了，但朋友不愿听从荣格的劝告，没有取消自己的登山计划，结果他在登山时失足从山上落下来，砸在另一个人身上，两个人一同摔死。

测测你自己：你的潜意识里什么最重要

从前，有一对深爱彼此的恋人，男的叫F，女的叫C。

可是有一天，F和C被一条又宽又深的大河给分开了。F在河的左岸，C却被迫留在了右岸。

C很想过河和F在一起，可无奈的是，在河的右岸只有两条船，一条属于

M，一条属于S。

于是一天，C去找M，请他帮她渡河。可是M的条件是让C嫁给他，C毅然地拒绝了他的要求。接着，C去找S，S提的条件是，让C陪他一晚上。C考虑很久，终于答应了他。第二天，C兴奋地到达了彼岸，来到了F的面前。F听说了C如何过来的经过后，非常生气地抛弃了这个他认为背叛了他的女人。于是C独自一人在河的左岸伤心欲绝地生活了下来。

有一天，一个叫L的男人出现了，他非常的善良，并且深深地爱上了C，而且，他告诉C，他完全可以接受她的过去。就这样，L最后和C幸福地生活在了一起。

故事讲完了，下面就请你将故事中出现过的人物：C、M、S、F、L以在你印象中从好到坏的顺序进行排序。

测试结果：以下是代表上面故事中个人物的意义：C：career（事业）M：money（金钱）S：sex（性）F：Family（家庭）L：love（爱情）

你的排序也就意味着在你的潜意识里以上东西的排序。

小贴士：做你想做的梦

每天保持相同的睡眠时间可以培养健康有规律的作息习惯。

含有咖啡因的饮料、药品以及吸烟会扰乱睡眠，使人无法正常入睡。

适宜的室温易使人入睡，而且较少中途突然醒来。睡眠时的理想温度为16℃～18℃。

上床休息前应让大脑放松，不要与人谈工作或者阅读复杂的书籍，也不要看电视。应该听点轻松的音乐，喝一杯牛奶，如果能洗一个熏香浴就再好不过了。

在入睡前应不断地对自己说：“问题会解决的，我可以找到解决问题的办法。”

非常清晰地总结自己希望完成的事情，即使目前尚不知如何着手，也可以构想为此需要做的准备。

幻想一下，如果你的愿望实现了，你的心情会怎样？你必须非常明确，因为你将会在梦中体会你所设想的一切。

梦是神秘的，但却不是不能控制的。只有对梦——我们大脑活动的一部分加深了解，才能不再因为梦而困惑，影响情绪。

小　结

梦，它不是空穴来风，不是毫无意义的，不是荒谬的，也不是一部分意识昏睡，而只有少部分乍睡少醒的产物。它完全是有意义的精神现象。实际上，它是一种愿望的达成。它可以算是一种清醒状态精神活动的延续。它是由高度错综复杂的智慧活动所产生的。然而，当我们正为这些发现而得意时，一大堆的问题又呈现在眼前。

如果梦真的是理论上所谓的愿望的达成，那么这种达成以如此特殊而不寻常的方式出现又作何解释呢？在形成我们醒后所记得的梦象前，究竟我们的梦意识经过多少变形呢？这些变形又是如何发生呢？梦的材料又是从何而来呢？梦中的内容怎么会互相矛盾呢？梦能对我们的内在精神活动有所指导吗？能指正我们白天所持的观念吗？

带着这些问题，让我们一起入梦吧！有人说，人生如梦，那么，何不让我们这一生是一场最美的梦呢？

第三十篇

学会调控自己的情绪

国 鐮 几·髓臧町偬《几·髓霂1853—1890虼

——他的把所有的情绪都焚烧了，他毁灭了自己，也成就了自己。

经典实验：情绪致死

诺尔格兰是著名的波兰心理学博士，他在1981年曾做过这样一个试验：费多加夫是一个报复杀人犯，他身高两米，体重115公斤，此人可以称得上是体格健壮，为人凶残。警方费尽周折才将他捉拿归案。当时，诺尔格兰博士正展开一项心理学研究，他通过诸多程序后，才获准在这个死刑犯身上做这项心理实验。

诺尔格兰博士在费多加夫行刑那天，将他带进一个行刑室（实验室），屋里除了一个狭窄的手术台，就只剩一辆工具车了。一只不锈钢的盘子放在这辆工具车上，一把锋利的手术刀和透明接血槽就是这盘子里所盛之物。死刑犯之前被告知在这个屋里只是做个实验，至于是什么实验他无从得知。费多加夫被诺尔格兰博士安排躺在手术台上，警察将他的双手双脚都铐在了手术台上，博士慢慢戴上手套，然后将费多加夫的右手伸出手术室右侧板壁的一个小圆洞外。费多加夫看到博士拿着刀和槽到另一边去了。就在费多加夫闭上眼睛的同时，突然隔壁传来一声："死刑开始！"这时他觉得右手手腕好像被割开了，马上，血流出来了，"哗啦啦——嘀嘀嗒"……血一点一滴流向血槽。3分钟后滴血声变慢了，5分钟后滴血声已经变得时有时无了。费多加夫认为自己血已尽失，心跳渐渐变缓，渐渐地他没有了呼吸，心跳和脉搏最后都停止了。

最后，诺尔格兰博士还原了实验真相。原来，博士根本就没有用刀去割死刑犯的手腕，博士只是用刀背轻轻在死刑犯的手腕划了一下，用水滴声用来冒充滴血的声音。死刑犯是丧命于自己的情绪之中。

其实这就是一个典型的心理问题：世上的一切困难并不可怕，而人的忧郁、恐惧、焦虑、抑郁才是这个世界上最可怕的东西。就像上述一样的不良情绪，会让人一蹶不振，甚至对生活失去信心。所以，保持健康的心态和情绪，才是克服这些不良情绪的最佳方法。

相关实验

A. 医生的不同选择

实验原理：在我们做选择的时候，常常受情绪支配。

实验主持人：美国心理学家Kahne和Tversky。

实验对象：医生。

实验过程及结果：

美国心理学家Kahne和Tversky于1984年做了一个小测试，让我们看看以下两个情景，并根据情景做出自己的选择。

1. 假如突发一种疾病，预期会有600人丧命于这种病魔之下。选择A方案，会减少200人死亡；选择B方案，有1/3的可能600人会全部获救，但有2/3的可能600人会全部死亡。你会做出怎样的选择呢？

2. 假如突发一种疾病，预期会丢掉600条鲜活的生命。根据科学的分析，选择C方案，最多能救200条性命；选择D方案，有1/3的人可能性没有人会死，还有2/3的可能性600人都会死。那么在这种情况下，你会做出怎样的选择呢？

结果表明，在强调收益的情况下，有7成的医生会选择A方案；换成强调损失的情况下，会有7成的医生会选择D方案。但仔细观察，你会发现A、B、C、D是完全一样的，A方案和C方案同属保险策略；B方案和D方案则属于冒险策略。但陈述这两个例子的方式是完全不一样的。第一例强调的是收益，而第二例强调的是损失。

实验联想：

为什么会这样的呢，是因为损失是人们最不想看到的，我们选择冒险往往是在受到损失威胁的时候，期待发生低概率的事件能挽回损失。同样的事，但为什么我们会做出不同的选择呢？其实，这正是我们的情绪在作祟，是情绪帮我们做出了选择。

B. 有关情绪的实验

实验原理：不良情绪持续久了，往往就成了病态。

实验主持人：阿拉伯学者阿维森纳。

实验对象：两只羊羔。

实验过程及结果：

将刚降生的双胞胎羊羔分置于不同的外界环境中成长：一只小羊羔在牧草茂盛的地方快乐地生活着；另一只羊羔终日与狼为伴，虽然狼是用绳子拴着的，但这只羊羔总是想着自己的生命时刻受着威胁，最终惶恐致死。

实验联想：

医学心理学家还以狗为实验对象，做了一个关于嫉妒情绪的实验：专家将一条饿狗关进铁笼，铁笼外另一条狗在啃着骨头，铁笼内的狗因嫉妒情绪产生了神经症性的病态反应。所以我们应时刻保持一颗平常心，坦然面对生活中的得失，这样才能将自己的情绪管理好。

测测你自己：哪种颜色代表你的快乐

如果你和一群朋友去森林中探险，没想到中途遇到一场大雾，大雾散去，却只剩下你一个人在林子里。这时候，你面前出现了一位仙女，你可以从她手中的魔法物品里选出一件陪伴你渡过难关，你会选择哪一件呢？

A. 铜镜　B. 金苹果　C. 山楂　D. 树种　E. 水晶石

测试结果：

A. 选择铜镜，快乐颜色：白色。

光明、纯净、单纯、理想主义，是你的特质。你总是会以理性、客观的处事方式让事情变得更加圆满。

B．选择金苹果，快乐颜色：黄色。

你是朋友眼中的小太阳，擅长制造欢笑与眼泪。不过，太过聪明的你往往也是狡辩高手，或是有着太多抱怨的愤青。

C．选择山楂，快乐颜色：红色。

外向、活泼的你支配性极强，喜欢充当主导性的灵魂人物。爱憎分明，如果适当放开心态，你会更开心。

D．选择树种，快乐颜色：绿色。

慷慨大方、感受力极强的你喜欢照顾他人。其实，你的控制欲非常强烈，害怕失去控制大局的能力。

E．选择水晶石，快乐颜色：紫色。

神秘的紫色是敏感的代表。你容易情绪低落，心情总是徘徊在天堂与地狱之间。

小贴士：不要带着情绪理财

每个人都不能时刻保持足够的理性，我们常常会在不经意间陷入种种情绪化理财的误区。接下来让我们看看四种因情绪产生的理财误区，看看我们是不是也有过类似的经历。

厌恶损失：就像那些买了股值大跌股票的股民一样，王先生还是不肯将自己的房子出手，就是因为他面对不了损失的现实，不愿承认因为自己投资失误带来的损失。这是典型的“厌恶损失”心态，砸在手里久了，就得承受更多的损失。

赠品效应：假设给一个人10块钱，给另一个人价值10块钱的彩票。告诉受赠者可以自由交换手中的赠品，但结果是双方都不愿意交换，因为人总会认为对方的东西没有自己手里的值钱，自己手里的东西才是最值钱的。

代价陷阱：人们如果在一件事情上投入更多的话，他们将会继续追加投资。比如股民手中的股票大跌之后，他们不但没有做出出手的选择，反而继续大量买进，期望某天股值回潮。赌博的道理也是这样，明知十赌九输，却还是要搏那十分之一的胜率。

现状偏向：既然自己已经将手里的东西卖出，为什么还会感到痛苦呢，而明知别人的东西没有自己的东西值钱，为什么还要买进卖出呢？现状偏向是指人们会想倾向于保持现状，不去重新选择，有关“损失”总是比“收益”带来更大的情绪反应，所以人们才会采取各种策略和损失“较劲儿”。

投资失误就像一段看不到希望的感情，旁观者清，当局者迷，“此时不出手，更待何时啊！”可往往事情一到自己头上，我们谁都会迷糊，付出越多越是不舍。说出手就能出手？真以为那么容易啊。最后，大家宁愿把东西握在手里直到发霉。当我们和损失较真儿的时候，那说明我们已经失去理智了。理财不能情绪化，即便遭遇损失，一切都还能从头再来。

小 结

理财就像管理情绪一样，人往往会将更多的注意力投入到损失上，之所以我们会被束缚，是因为我们过多地关注过去的选择，固执于“现状偏向”而害怕改变。“代价陷阱”常常让我们在没有价值的事情上浪费时间；因为“厌恶损失”而不能正视现实，不敢修正自己的错误；因为“赠品效应”抓住东西就宁死不放……凡是自己投入过的，就越是难以割舍。